自分を高める
4つの力の磨き方

ELEVATE

ロバート・グレイザー　[訳]田村加代

Discover
ディスカヴァー

ELEVATE

By Robert Glazer

「自分にはもっとできるはず」と心の奥で気づいているすべての人に

クロエ、マックス、ザックへ。
きみたち１人ひとりが私を奮い立たせてくれるから、
毎日もっと良い自分を目指すことができる。

「ロバート・グレイザーは、精神、知性、身体、感情の各面でキャパシティを広げる秘密のレシピを実に気前よく、包み隠さず教えてくれる。彼の体験と知見から私たちが学べるものは多い」

――キム・スコット

『GREAT BOSS シリコンバレー式ずけずけ言う力』著者

「あなたのキャパシティを精神面でも、知性の面も、感情面でも成長させてくれるメンターを探しているなら、この本がまさにその人。本書は、バランスのとれた人生を歩むための適切なゴール設定のしかたを指南してくれる。さらに、ゴール達成のスキルや心構えも伝授してくれる」

――ダニエル・ピンク

『モチベーション3・0 持続する「やる気!」をいかに引き出すか』著者

「本書は、どうすれば自分や周りの人の能力を最大限に引き出せるのか、彼自身が学んだ教訓の中から最も心に響くものに焦点を当てて解説している」

――アダム・グラント

『GIVE & TAKE 「与える人」こそ成功する時代』著者

「ロバート・グレイザーは、今やビジネス分野で活躍するコラムニストの中で秀逸なライターの1人だ。しかも、真の優良企業、アクセラレーション・パートナーズの経営との二足の草鞋を履いている。本書はその両方の世界を味わうことができる素晴らしい作品だ」

――ボー・バーリンガム
『Small Giants 事業拡大以上の価値を見出した14の企業』著者

「ロバート・グレイザーは、キャパシティの4要素が個別に、及び全体の構成部分として掘り下げられると、私たちが個人として成し遂げることや職業人として作る実績の青写真を描き出すということを示してくれる。どのページを繰っても、グレイザーの助言は励みになり、しかも実質的だ」

――スチュワート・D・フリードマン
『トータル・リーダーシップ 世界最強ビジネススクール ウォートン校流「人生を変える授業」』著者

「傑作の一言に尽きる。読みやすいが実に奥の深い、成功（あなたの解釈しだい）と幸せと喜びに満ちた人生を送るためのガイドブックである。どのページも知恵の宝庫だ。思い込みという限界を打ち破り、自分の想像以上の結果を出すための、わかりやすく活用しやすい知恵ばかりである」

――ボブ・バーグ
『敵を味方に変える技術』著者

スチュワート・D・フリードマンより

ペンシルベニア大学ウォートンスクール　教授（経営学）

私は1980年代以来、ビジネスリーダーを対象に行ったケーススタディに基づき、人生のすべての面で発揮できるリーダーシップ能力を開発するための、具体的な方法を探究して紹介する仕事に携わってきました。この研究の初期段階では、「リーダーになる人は人生の諸側面の融合に取り組んでいる」という考え方は、主流から大きくはずれていました。

時代の潮流が変わり、調和のとれた人生を送るための実践的な方法論が、晴れて希求されるようになったのは喜ばしいことです。

時代のニーズに応えるべく、新世代のオピニオンリーダーが多数輩出されています。

彼らは優れた才能と豊かな経験を活かして、もはや企業のリーダーシップはビジネスの世界だけの問題ではなく、人生全体に関わるものである、という見解に立つ知見を明確に述べています。

ボブ（ロバート）・グレイザーはまさにその1人です。

本書は、私たち1人ひとりを個性ある人間にならしめている、複雑に絡み合った要素（私が「個人の領域」と呼ぶ、自己の精神、知性、身体、感情）を理解し、培っていくために即実践可能な方法を提案しています。そしてこれらの4要素が、個別に、及び全体の構成部分として掘り下げられると、私たちが個人として成し遂げることや職業人として作る実績の青写真を描き出すということを解き明かします。

学び続けることへの真摯な取り組みから生まれた独自の哲学を基盤に、グレイザーは、自分が探求するものを知ることの大切さを教えてくれます。自分を知る道のりは厳しく、勇気を要します。

自分の中核となる信条「コア・バリュー」を見極める過程で避けて通れない取捨選択には、不安がつきまとうものです。

どのページを繰っても、グレイザーの助言は、励みになり、しかも実質的です。また、彼が特に強調する「目標を高く掲げる」ことの重要性も、論理的かつ楽観的に説き明かしてくれます。

誰もが自分で思う以上のキャパシティを持っている、という希望に満ちた見解に、私も同感です。あとはこの方法を実行に移し、皆さんの成果が社会に価値を提供していくのを応援してくれる人たちの協力を仰ぐのみです。

嬉しいことに、それは実現可能であり、本書がその道筋を示してくれます。自分が率いる人々も自分自身も共に向上させるリーダーは、この激動の時代で大きな成功を収めるでしょう。

それでは読者の皆さん、ボブ・グレイザーの案内で、読むほどにやる気が湧いてくる本書をじっくりお楽しみください。

彼は、読者がリーダーシップのキャパシティの次段階に飛躍するのに有用な、選りすぐりの情報や実践方法をまとめてくれました。

実行が容易とは限らず、中には耳の痛い話もあるかもしれません。しかし、時間と意識を傾けてこの知恵を手に入れ、試してみる価値は間違いなくあります。

努力が報われるのは、この殺伐とした世の中でハーモニーの実現を目指して挺身《ていしん》するリーダーの皆さんだけではありません。

肝心なのは、皆さんの職場や家庭や地域社会の、皆さんにとって大切な人たちにも有益であるという点なのです。

限界の壁を超えて、自分自身と周りの人を成功に導こう。

ロバート・グレイザー

はじめに

「始める勇気があるなら、あなたには成功する勇気もある」
——デイビッド・ヴィスコット
（1938〜1996年、アメリカの精神科医）

「なぜあの人は、常に並はずれて高い結果を出せるのだろう」と不思議に思ったことはありませんか。

その人たちは、前進し続けてゴールを次々に達成しているのです。

私たちはいくら頑張ってもあまり進歩しないのに、彼らは少ない労力で多くを成しているように見えます。

組織についても同じことが言えます。

「ああいう人や会社にはきっと有利な条件があるのだ」と自分を慰めたくなります。

しかし、実際には、そういう人や組織は自らをバージョンアップする方法を心得ているということなのです。

私は2015年に、自社アクセラレーション・パートナーズの社員に向けて、元気が湧くようなメッセージを毎週金曜日にメール送信することにしました。のちに「フライデー・フォワード」と名づけたこのメールは、仕事関連の話題よりも、自己研鑽に役立つヒントを提供できたら良いなと思って始めたのです。

仕事でもプライベートでも、もっといろいろ挑戦したくなるように社員を励ますのが目的でした。自分の可能性を狭めてしまうような思い込みを捨て、各自が本領を発揮する手助けをしたかったのです。それは私の信条でもありました。

目を通してもらえればラッキーだと思っていた「フライデー・フォワード」ですが、意外にも社員たちは、

「毎週メッセージを楽しみにしている」

「友人や家族ともシェアしている」

と言ってくれました。

毎週のメールの波及効果は、社内でも目に見えてきました。メールに載せたいろい

ろなアイデアを、社員が積極的に仕事や日常生活に取り入れるようになったのです。

わずか数年の間に、金曜日のメッセージを読んでくれる人は50カ国で10万人を超え、あらゆる職場で定期的に回覧されるまでになりました。


「フライデー・フォワード」を始めた当初の目的は、周りの人を励まし、やる気を起こさせることでした。ところが、始めてすぐ私はもっと奥深い事実に気づきました。

毎週、自己啓発に役立つテーマを考えて記事にまとめることで、

「力量を伸ばしてもっと成果をあげよう、常に昨日の自分を超えよう」


と私は自分自身を奮い立たせていたのです。

社員を励ます目的を端緒に、私自身が成長し成果を上げていたのです。


「フライデー・フォワード」のメッセージが、周囲の人たちの仕事や生活に役立っているのがわかりました。

社員がキャリアでもプライベートでも大きく前進し出したからです。

マラソン大会に出場したり、体調が改善したり、家族と充実した時間を過ごすようになったり、訪れたことのない所や外国を旅行したりして、お互いに良い影響を与え合っていました。

生活全般を念頭に置いて社員を励ますことで得たものは、単に社員の仕事の能率を上げて得る利益より大きかったのです。

毎週世界中から私に返信して、自己成長や目標達成の体験を報告してくれる人たちも同様でした。私は自分が役に立っているらしいのはわかりましたが、何がどう良いのかはっきりしませんでした。

そこで、「フライデー・フォワード」で取り上げたトピックを振り返ってみると、そこに4つの要素に帰結するテーマが流れている点にすぐ気がつきました。

ほどなく、私は自分の人生を変えるため、事業を成長させるため、社員や会ったこともない人たちの人生を豊かにするためのシンプルな方法論《フレームワーク》に行き着いたのです。

誤解のないよう言っておきますが、本書は学術研究や理論に基づいた科学的な著述ではありません。実生活に基づき、昔から伝わる実行可能なアドバイスが盛り込まれています。机の上やベッドの脇に置いて、皆さんのキャパシティ・ビルディングの道のりのどの地点でもページを開いてもらえる構成になっています。

高みを目指すためのロードマップとして私自身が用いてきたこの方法論《フレームワーク》をご紹介できるのは、たいへん嬉しいことです。

皆さんの人生も仕事も充実し、まさか自分に可能だと思わなかったレベルでさまざまな目標を達成する足がかりになるように、と願っています。

ロバート・グレイザー

目　次

ELEVATE
自分を高める4つの力の磨き方

第4章

身体のキャパシティを広げよう

第 1 章

キャパシティ・ビルディングとは何か？

「私たちがしていることとやればできることの差だけでも、世界の諸問題の大半を解決するのに十分足りるでしょう」
――マハトマ・ガンディー（1869-1948年、インド独立の父）

最も端的に言えば、キャパシティ・ビルディングとは、自分に潜む可能性を引き出すべく、**昨日の自分を超え続けるためのスキルや能力を探求し、習得し、向上させる方法のこと**です。

あらゆる分野の達人は、仲間より速いスピードで実力を伸ばす方法を絶え間なく模索し、その実力差で常に先頭を行き、最高水準の結果を出しています。

こうして自分を**「エレベートして（向上させて）」**いるのです。

向上し続けている人たちは、競争において優位に立っています。

実は、これは誰にでも真似できることなのです。

キャパシティ・ビルディングの実例として、ティモシー・フェリスというある探究心旺盛な高校生のエピソードをご紹介しましょう。

彼は1年間の海外滞在をきっかけに、旅——ことにアジア——の魅力にとりつかれ、東アジア研究に強いプリンストン大学を目指そうと決めました。

彼の本領に気づかなかった進路指導の先生に「プリンストンなんてとても無理」と

言われて当然ながら憤慨し、何としても受かってみせる、と猛勉強してみごと合格します。（注1）

卒業後、すでに起業していた彼は、心身をリセットするための海外旅行を思い立ちます。ほかのことに心を煩わされずに旅を満喫するには、留守中の業務を仮想スタッフが行う手順を整えなければなりませんでした。社員を雇っていなかったからです。

彼が29歳のとき、その旅行の体験とアウトソーシングの成功談を1冊の本にまとめ、出版社に売り込みました。

まず25社に断られました。26社目でもらった契約オファーには本人も驚いたほどです。出版社に採用の理由を訊くと、こんな答えが返ってきました。

「他社が断った理由はわかります。しかし私たちは、この本ではなく、あなた自身に賭けているのです。あなたなら、この本を売れる本にするためにやれることはすべて全力でやってくれると信じています」（注2）

その本とは、『「週4時間」だけ働く。』です。

35カ国語に翻訳されて130万部売れ、ティモシー・フェリスのキャリアの起点となりました。

この本を、「マーケティングとアウトソーシングで手っ取り早く儲ける」ためのハウツーもの扱いした人も少なくありませんでしたが、X世代やY世代の多くの人にとって『「週4時間」だけ働く。』は、潜在能力の伸ばし方や人間の可能性についての画期的な提言、すなわち目的を持ってもっと充実した人生を送るための新しい哲学にほかならなかったのです。

ティム（＝ティモシー・フェリス。以下、ティム）は自らの生き方でキャパシティ・ビルディングを体現するだけでなく、同じように実践しているほかの人たちにも強い関心を持っています。各分野の第一人者の成功要因を徹底的に解剖し分析するのです。自らの身体で度々実験もしました。（訳注1）

5カ国語を習得し、タンゴのスピンのギネス記録を持つアメリカ人第1号にもなりました。また、創業したての起業家を支援するエンジェル投資のノウハウを学び、ウーバーやフェイスブック、ツイッター、アリババ、ショピファイなど多数のスタートアップ企業を支援してきました。

ティムが配信するポッドキャストは3億回以上ダウンロードされていますし、これまでに著書5冊が、『ニューヨーク・タイムズ』及び『ウォールストリート・ジャーナル』各紙のベストセラーランキングで1位になりました。

自己研鑽への飽くなき取り組みにより、ティムは皆が驚嘆するようなことをいくつも成し遂げただけでなく、多くの人を触発してキャパシティ・ビルディングの実践に導いています。かつて進路指導の先生に「アイビー・リーグ（プリンストン大学を含めた、ハーバード大学、ペンシルベニア大学など8校で構成される名門私立大学の総称）なんて無理」と言われたことを思えば、みごとな巻き返しだと思いませんか。


注意してほしいのは、キャパシティ・ビルディングはもっと頑張ることではなく、適切なことをもっとやることだという点です。事実、キャパシティ・ビルディングのコツは、エネルギーを注ぐべきところと力の抜きどころを知ることなのです。

「マネジメントの父」として知られる経営学者ピーター・ドラッカーの言葉どおり、「決してすべきでない物事を非常に効率的に行うことほど無益なものはない」（訳注2）

のです。

キャパシティ・ビルディングは筋力の増強に似ています。

一朝一夕には実現しません。例えば、高重量のダンベルに挑戦したいと思ったとします。何週間もたゆまぬ努力を続け、徐々に力をつけてはじめて、高重量を持ち上げるのに必要な力と身体が作られます。

ある日突然、以前できなかったことができるようになっているのです。**触発されるのはもちろん意義がありますが、それだけでは本当の変化は起こりません。**実行に移して堅実に取り組むことが必須です。

私自身の経験と、人生を豊かに変えてその状態を維持できている大勢の人との対話から、キャパシティ・ビルディングに不可欠な4つの要素が浮かび上がりました。

それは、**精神**、**知性**、**身体**、**感情**です。

この4つの要素は自己啓発の基盤をなし、そのほぼすべての面に関わっています。これらの要素については次章以下で詳しくお話ししますが、ここで大まかにそれぞれの概要を見ておきましょう。

①**精神のキャパシティ**の大きさは、
自己を理解し、自分が究極的に求めるものや日々の生活で
指針にしたい信条を知ることで広がる。

②**知性のキャパシティ**の大きさは、
自分の思考力、学習能力、計画能力の向上にどう取り組むか、
自制心を持って遂行するかで決まってくる。

③**身体のキャパシティ**の大きさは、
心身の健康及び運動能力の向上で広がる。

④**感情のキャパシティ**の大きさは、
困難な状況にどう反応するか、自分の感情をどう処理するか、
周りの人との人間関係が良好であるかで決まってくる。

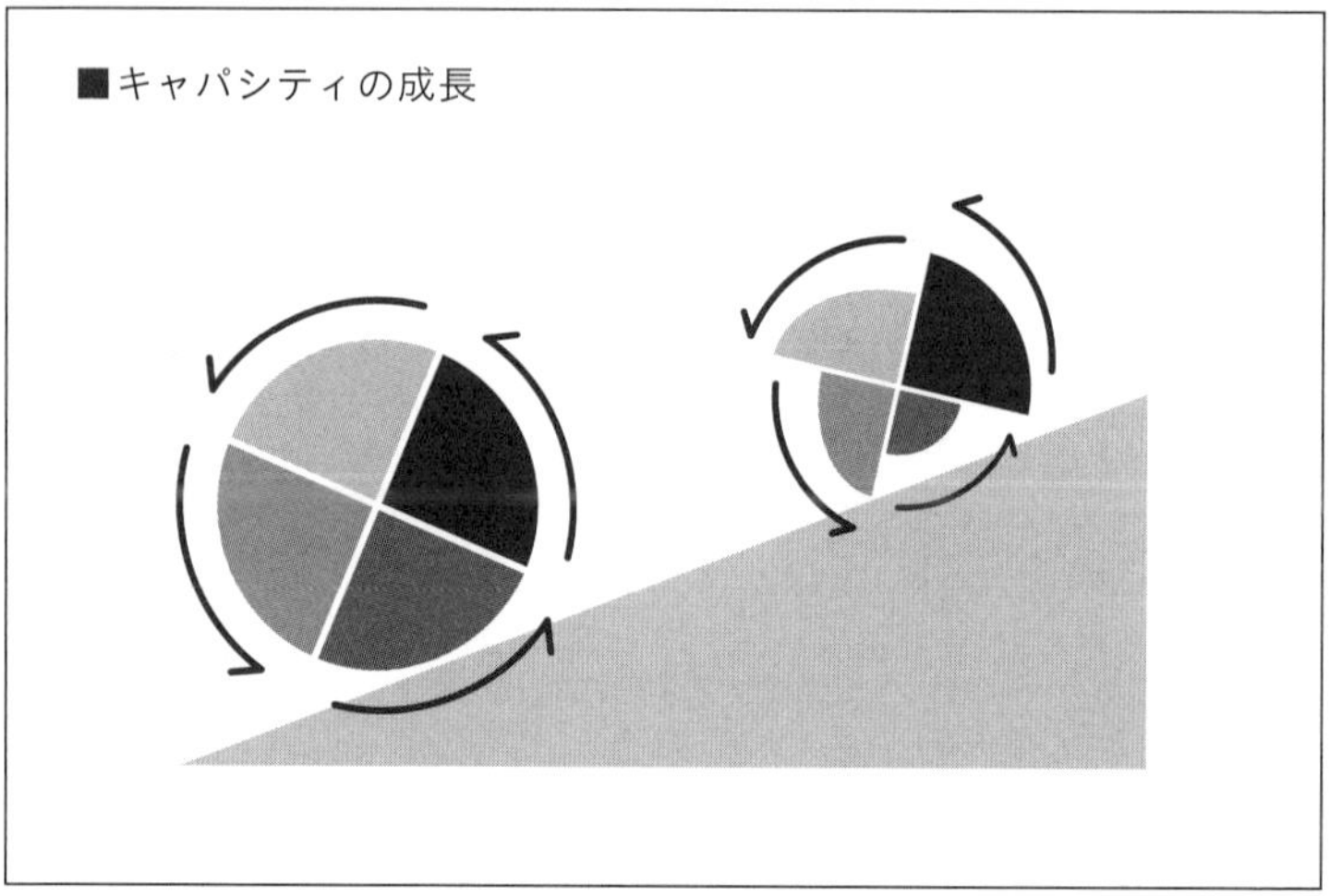

キャパシティ・ビルディングは、連携した4要素を理解し、4つを並行して成長させていくことから始まります。

ビーチボールの中が仕切りで4つに分かれていると想像してください。

各部分に重い気体が入っていて、ボールは大きく膨らむほどエネルギーと質量を増し、転がっていくうちにほどよい勢いがつきます。1カ所だけ大きくなり過ぎてほかの部分がつぶされている状態よりも、4つが同じペースで膨らんでいるときに最もよく転がります。

1カ所が大きくても、逆にしぼんでいても、ボールはスムーズに転がりません。加速して勢いがつくどころか、ぐらついて脇に逸れてしまいます。どの部分も気体がもれやすく、常に足してやらないといけません。

車のタイヤと同様、メンテナンスを怠らずに適正空気圧とバランスを保つ必要があるのです。

バランスをとるのは難しいですが、バランスが崩れたときにちゃんと気づいて、どの部分が転がるスピードの遅れの原因になっているのか見極めることが、軌道から逸れずに進むための秘訣です。

「努力」と「成果」の関係が最も目に見えてわかるのが身体のキャパシティです。ジョギングの距離を毎日少しずつ増やしていくと、身体が慣れるにつれ、だんだん楽に走れるようになります。重量トレーニングでも、毎日少しずつ重量を上げれば、ほんの数カ月前、あるいは数週間前には無理だった重さを持ち上げられるようになるでしょう。身体の運動でなくてもプロセスは同じです。

アクセラレーション・パートナーズが、数々の賞を頂くような社風を育てた過程で貫いた理念の1つが、「個々のメンバー及びチーム全体のキャパシティの成長に重点を置く」ことでした。

集団のリーダーが目指すべきは、目標を高く掲げてメンバーにやる気を起こさせ、多方面で同時に向上させること、つまり統率力や決断力、時間配分や優先順位づけの能力、自覚や自信を高めることです。

こうした能力の向上はドミノ倒しのように連鎖していきます。**1つの側面が改善されると、ほかの部分も良くなります。**

キャパシティ・ビルディングがもたらす大事な効果の1つは、友人、家族、部下など周りの人に与える指数関数的な効果です。自分自身が高みを目指しながら、ほかの人をも引っ張り上げているのです。自分のキャパシティを広げて多くの目標を達成するうちに、周囲を感化する能力も身についていきます。

まさに好循環で、誰にとっても有益です。

4つの要素に集中して取り組むことで、自分のキャパシティを広げつつ、ほかの人のキャパシティ・ビルディングをサポートできるようになるわけです。

第 2 章

精神《スピリチュアル》のキャパシティを広げよう

「リーダーになることは、自分自身になることに等しい。
リーダーになることは、それほどに単純で、それほどにやっかいだ」（訳注3）

——ウォーレン・ベニス

（1925-2014年、アメリカの経営学者。リーダーシップ研究の先駆者）

「スピリチュアル」という言葉は、宗教、あるいは五感で知覚できないものの話をするときによく使いますが、キャパシティ・ビルディングの話ではそれとは異なる意味で用います。

精神《スピリチュアル》のキャパシティとは、わかりやすく言えば、「どれだけ自分を理解し、自分が人生にいちばん求めているものをわかっているか」ということです。いわば自分だけの北極星ともいうべき、行動の指針となり大事な決断を導いてくれる信条を生成する力です。

精神のキャパシティを広げるプロセスは、心の奥底の、誰のものでもない自分の志を掘り起こしていく自己実現の道筋なのです。

無意識であれ意識的であれ、あなたを動かしている原動力です。

優れた企業は目指すものを明確なビジョンとして打ち出し、時代に左右されない目的を定め、コア・バリュー(中核となる信条)を掲げています。充実した人生を送るには、同様の取り組みが必要です。

企業が掲げるビジョンを読み取るのはさほど難しくありません。

「輸送手段の変革を起こしたい」とか「癌を撲滅したい」など、創業者の思いがそのまま企業のビジョンになる例もよくあります。

いっぽうコア・バリューは、組織の成員が共有する価値観を表すものです。そのため、時間をかけて練られることが珍しくありません。

個人の場合は組織と逆で、まず自分のコア・バリューを見極めるほうが取り組みやすいでしょう。

生まれたばかりの赤ん坊が、すでに人生の目的や展望を理解して表明できるわけがありません。30代、40代になるまであまり本気で考えることのない問題ですが、早く始めるに越したことはありません。

ELEVATE

自分の「コア・バリュー」を見極める

あなたが最も大切にしている信条が「コア・バリュー」です。

これが道案内の標識やプールのレーンロープのような役割を果たします。自分で意識しているか否かを問わず、コア・バリューは就職や結婚、住む場所の選択などの重大な決断を左右します。**自分の価値観に則って行動しているときは、誰でも生き生きとしているはずです。**

価値観から逸れるとエネルギーを消耗し、居心地の悪さを覚えます。自分の信条をしっかり認識していれば、時間をかけずに良い決断を下すことができます。

自分のコア・バリューをはっきり言葉にできないのは、GPSなしで人生を歩むようなものです。もちろん、試行錯誤しながらいずれ目的地に着くかもしれません。けれども無駄な回り道をして、貴重な時間や資産を浪費してしまうでしょう。

自分のコア・バリューを見極めるには、自分と向き合い、自分にとって最も大切なものは何か、じっくり考えなければなりません。


どんなときに幸せだと感じるか？

どんなときに消耗感を覚えるか？

どんな状況で力を発揮するか？

どんな状況下で苦しいと思うか？


あなたをよく知っている家族や友人にも、同じことを尋ねてください。学校の成績表や職場の人事考課表を引っ張り出してヒントを探してもよいでしょう。

すると、何か一貫した傾向や、繰り返し登場する特性や描写が目につくはずです。

例えば「自立心」「公平」「思いやり」「主体性」「頼もしい」「意欲的」「堅実」などがあるかもしれません。


それをもとにリストを作成してください。

似た項目はまとめて整理し、「これは自分をよく表している」と思う言葉や「これだけは譲れない」という信念を、全部で4つか5つまで絞り込んでください。

本当の自分が見えてくるにつれ、自分の価値観に則って行動できたときと、価値観に反した行動を強いられたときの気持ちや仕事ぶりの違いが、見えてくるのではないでしょうか。

今日はまず最終リストを机の上に置いてください。

これから少しずつ修正していけばよいのです。

ELEVATE

自分の「コア・パーパス」を持つ

日常生活の指針としての役割を果たすのがコア・バリューなら、究極的なゴールを知る手助けをするのがコア・パーパス（中核となる目的）です。

コア・パーパスは、人生の主題のようなものです。信条の柱に支えられた明確な方向性と言ってもいいでしょう。

１００人の人に、自分のコア・パーパスを説明してくださいと言ったら、98人は「あまり考えたことがない」とか「はっきりわからない」と答えるでしょう。２人は明快に答えてくれると思います。おそらくこの人たちは目標を高く掲げています。

重要なのは、この2人が時間とエネルギーのほとんどをコア・パーパスに注いでいるという点です。

過去の出来事が基点となって人生の目的が決まる人もいるでしょう。

その出発点が何らかの苦痛であることも少なくありません。

例えば、子どもの頃に読み書きで苦労したとします。でもそのおかげで文章の達人になるかもしれません。

あるいは自分の家族が不当な扱いを受けたのをきっかけに、弁護士や人権活動家としての活動に生涯を捧げるかもしれません。動因と目的の連鎖が明白です。

しかしこれほど目的が明瞭な人は稀です。

幸い、サイモン・シネックの名講義と著書（訳注4）で広く知られるようになった、自分の「WHY」を見つけよう、という新しい発想法のおかげで多くの人が自分のWHY、すなわち目的を見つけています。

この考え方は、自覚の有無にかかわらず人の原動力は各自のWHYである、というものです。このWHYとコア・パーパスは同一と言っていいでしょう。

2013年の秋、私は起業家機構（Entrepreneurs' Organization：略称EO）のイベントで、連続起業家で著作家のリッジリー・ゴールズボローが講師を務めた「WHYの見つけ方」のセッションに参加しました。リッジリーは、

「私たちはみな自分のＷＨＹ（仕事でもプライベートでも行動のすべてを陰で支えるコア・パーパス）を持っている、ＷＨＹには９種類の典型がある」と解説しました。

そして聴衆からボランティアを何人か募り、ほんの数分間質問しながら会話しただけで、それぞれのＷＨＹを探り当てたのです。

その人たちの驚きの表情が今でも鮮明に浮かびます。それは自分の内面が露呈されて動揺しつつも、目的がはっきりした安堵の表情で、感慨深い場面でした。

その瞬間、私も自分のＷＨＹを知らないことに気がつきました。

講演のあと、私はリッジリーを呼び止めてＷＨＹ探しの手助けを頼み、結果、「より良い方法を見つけて周りの人と分かち合う」のが私のＷＨＹなのだとわかりました（その際に用いたツールをいくつか章末に記します）。

自分がどんな人間かということがはっきりして、ずっと前から心の奥底にいた自分のままでいいのだ、と思ったときの気持ちは言葉に表せません。

まるで、私が生まれたときに置き忘れられていた人生のマニュアルを、誰かが拾って届けてくれたようでした。

突如として、それまでの人生で繰り返されたパターンがくっきり照らし出されたのです。

6歳の頃、母に「部屋を片付けなさい」と言われ、かわりに部屋の模様替えをしたわけがわかりました。

リーダーとしての私の特徴も納得がいきました。「フライデー・フォワード」のメールを始めたこと。本書の執筆を思い立ったこと。

これまで私が力を発揮したのは、何かを改善したり、育てたり、変えたりする機会を与えられた場面だということが、今や一目瞭然でした。

何かをプラスの方向へ変える方法を見つけたいという思いが、私の活力源なのです。逆に、改善の余地がなかったり、決められたルールや手順に従うことを強制されたりすると、不満がたまり、興味を失い、無力感を覚えるのです。

それがわかって、私は長期的な目標やそのための行動計画を、発掘したての信念に沿うよう調整し始めました。

まず時間と努力の8割以上をコア・パーパスとコア・バリューに沿うものに費やす、という目標を掲げました。そして目的からずれているものを端から取り除くと同時に、目的に沿うものには迷わず賭けてみることにしました。「フライデー・フォワード」が良い例です。義理や惰性で続けていた付き合いや活動は断ろうと決めました。

この方針の実践で、毎日の充実度が段違いに向上しました。

自分が本当に求めるものと日々の行動を一致させるには、精神のキャパシティを広げる必要があります。目的と行動のズレは、私たちが繰り返しぶつかる課題です（その克服法については次章で取り上げます）。

目的と行動が一致しないと、間違った方角にがむしゃらに走ったり、表向きはうまくいっているように装いながら自分を偽っている虚しさを覚えたりするでしょう。

各キャパシティを個別に大きくすることはできても、それに費やす労力や努力が適切でないところに向けられるかもしれません。

見当はずれのゴールを設定したり（知性のキャパシティ）、心を蝕むような恋愛をだらだら続けたり（感情のキャパシティ）、絶対に手を出してはいけないものに依存するようになったり（身体のキャパシティ）するかもしれません。

目的と実生活をみごとに一致させた良いお手本が、世界最大のヘッジファンド、ブリッジウォーター・アソシエイツを創業したレイ・ダリオです。名著『PRINCIPLES（プリンシプルズ）人生と仕事の原則』の中で、彼が人生と事業の指針としているコア・バリューを定義していますが、まさに人生も仕事も同一の信条に根ざしているのです。

精神のキャパシティを広げるプロセスに終わりはありません。自分という人間を構成する要素や自分が最も求めるものが、一生の間に変わっていくのは避けられません。経験や学習を重ねれば、進みたい方向にも反映されます。このプロセスをまだ始めていない人や現在取り組み中の人のために、私自身が活用した頼もしい情報源をご紹介します。

実践ステップ

はじめの１歩

▼今までの人生を振り返って、何かがうまくできたときと、うまくいかず苦労したときのことを思い出してください。それぞれどんな共通点がありますか。いくつか例を書き出し、共通する言葉や特徴を丸で囲んでください。

▼ビル・ジョージ著『True North リーダーたちの羅針盤』、ヴィクトール・E・フランクル著『夜と霧』のどちらか一冊、または両方を書店に注文しましょう。

▼次のテストの中から少なくとも１つ、やってみてください。

自分の性格や長所、気質を見極める手がかりになります。

・ストレングス・ファインダー（Strengths Finder）

日本語版：https://www.gallup.com/cliftonstrengths/ja/home.aspx

英語版：https://www.gallup.com/cliftonstrengths/en/home.aspx

・ＤｉＳＣ行動特性アセスメント（DiSC Behavior Assessment）

日本語版：https://www.hrd-inc.co.jp/disc_product.html（訳注5）

英語版：https://www.discprofile.com/what-is-disc/overview/

・Total Leadership Assessment：

http://www.totalleadership.org/resources/assessments/

慣れてきたらステップアップ

▼次のウェブサイトのどちらかを利用して、自分のＷＨＹ探しを始めてください。
・Start with Why：https://startwithwhy.com/
・Why Institute：https://whyinstitute.com/

▼「フライデー・フォワード」をもとに開発した
Whole Life Dashboard（https://www.fridayfwd.com/wld）をダウンロードして、
コア・バリューを見極めるドリルを活用してみてください。

▼自分の追悼記事を書いてください。
どんな人だったと覚えていてもらいたいですか。自分で書いた追悼には、
コア・パーパスやコア・バリューに通じる言葉が含まれているはずです。

精神のキャパシティの成長についてインスピレーションが湧くエピソードを「フライデー・フォワード」のウェブサイトで紹介しています。ぜひご利用ください。　www.fridayfwd.com /spiritual

第 3 章

知性のキャパシティを広げよう

「20歳だろうと80歳だろうと、学ぶことをやめた人は老人だ。
学び続ける人は若いままでいる」
——ヘンリー・フォード（1863-1947年、フォード・モーターの創設者）

知性のキャパシティの大きさは、自分の思考力、学習能力、計画能力の向上にどう取り組むか、これを自制心をもって実践できるかどうかで決まってきます。

それは、さまざまな実行機能の制御装置としてのはたらきをする脳の前頭葉と密接に関係しています。

知性のキャパシティを、頭の中にある継続的にアップグレードされるプロセッサ、あるいはオペレーティングシステムだと考えてください。同じ仕事をより正確に、より速く、より効率よくこなせるように進化できるわけです。

知性のキャパシティが大きいほど、同じエネルギーもしくは省エネで、より多くをこなせるのです。

キャパシティ・ビルディングの4要素の中で、効果が最も早く現れる部分ですが、同時に最も自制心を要します。

ELEVATE

自分の向上に真摯に取り組む

「成功の度合いを測る尺度は、課題の難しさではなく、昨年ぶつかった課題と同じかどうか、ということだ」

――ジョン・フォスター・ダレス
（１８８８－１９５９年、アメリカの政治家、日米安全保障条約の主導者）

知能は不変ではなく、いつでも伸ばせるものです。しかし残念ながら、知能レベルは生まれつきだと思い込んでいる人が多い。もっと残念なのは、子どもの頃に親や教師や「専門家」にそう言われたことが思い込みの原因かもしれないという点です。

何かで一流の域に達した人は、そんなのは嘘だと知っています。なぜなら、知性のキャパシティの成長にともなう劇的な進歩を、実感として経験ずみだからです。

あたりまえのようですが、**知性のキャパシティを広げる第1歩は、自分の可能性を信じることです。**

スタンフォード大学の心理学教授キャロル・ドゥエックが提唱した、「しなやか《グロース》マインドセット」という概念があります（訳注6）。ドゥエックは学生たちが挫折経験にどう反応するか関心を持ち、20年にわたる研究プロジェクトを展開しました。

そして2種類の心構えが大きな違いを生むことを発見し、それぞれ「しなやかマインドセット」、「硬直《フィックスト》マインドセット」と名づけました。

硬直マインドセットは、自分の性格、知能、創造力は生まれつき決まっているから著しくは変えられない、と思い込んでいる状態です。このマインドセットの落とし穴は、何か（例えば知能レベル）が固定していると信じてしまうと、学習のしかたにマイナス影響が出ることです。逆にしなやかマインドセットは、学んでキャパシティを広げる態勢が常に整っています。このマインドセットを持つ人は、努力や苦労、失敗は成長を促し、自分の可能性を伸ばすのだと信じています。

それぞれのマインドセットの具体例をあげましょう。息子の学校で教室に貼られていた、マインドセットの転換を奨励するポスターの言葉を借りました。

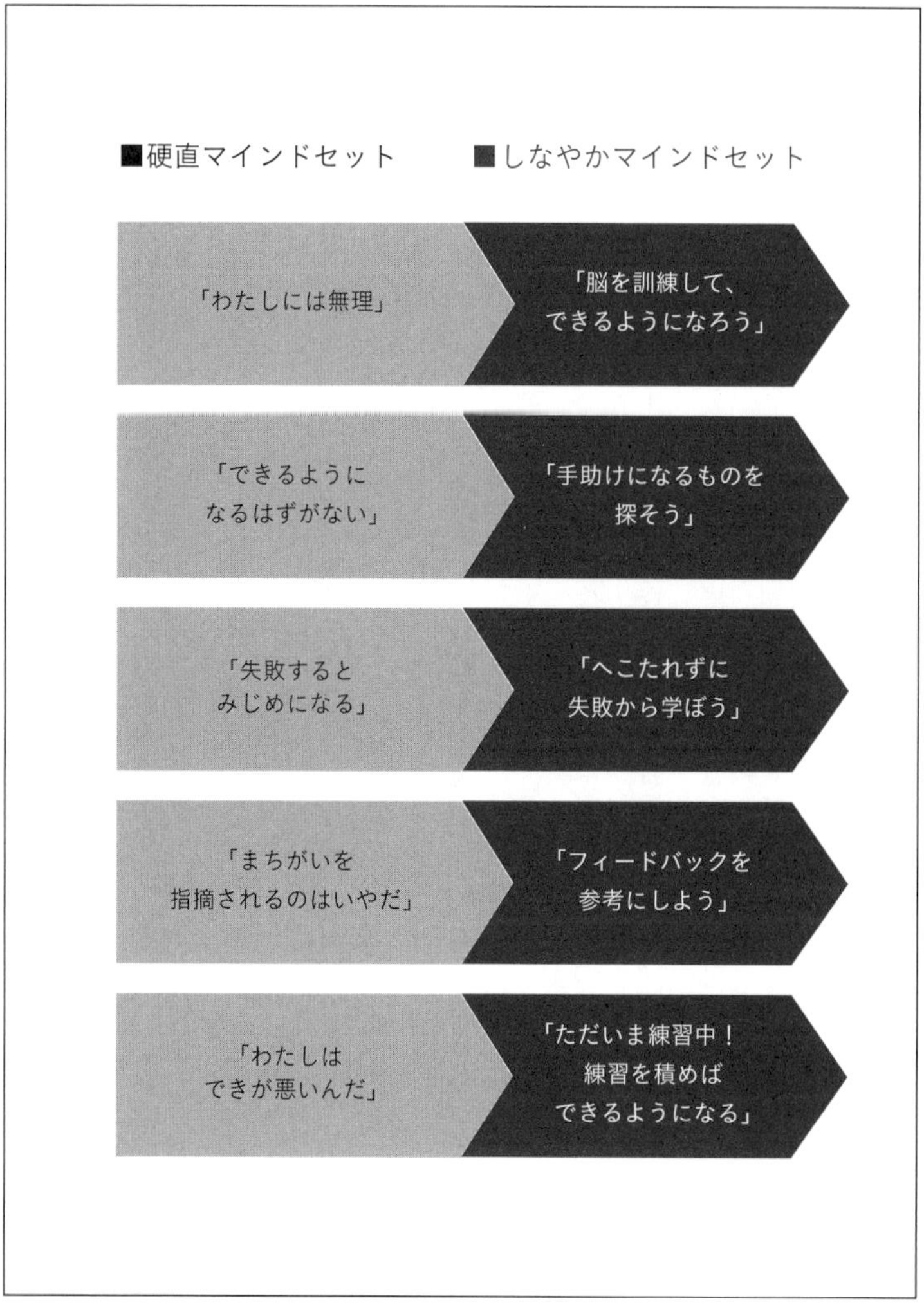
■硬直マインドセット
■しなやかマインドセット
「わたしには無理」
「脳を訓練して、
できるようになろう」
「できるように
なるはずがない」
「手助けになるものを
探そう」
「失敗すると
みじめになる」
「へこたれずに
失敗から学ぼう」
「まちがいを
指摘されるのはいやだ」
「フィードバックを
参考にしよう」
「わたしは
できが悪いんだ」
「ただいま練習中！
練習を積めば
できるようになる」

知性のキャパシティは、一生学び続ける姿勢と深く関わっています。

つまり、さまざまな視点に立つことのできる心の広さ、読書欲、知的好奇心、そして問題解決や知識習得への意欲から形づくられるものなのです。

2005年に、マサチューセッツ工科大学に通うドリューという活発な学生に会いました。起業家の卵で、オンライン模試事業の立ち上げを目指してアフィリエイト広告の活用方法を思案中でした。

向学心にあふれ、いつも切れ味のいい質問をしました。知らないことは本気で全部学ぼうとしていました。

あとで聞いた話ですが、彼は工学専攻の自分には企業経営について学ぶべきことが山ほどあると気づき、マーケティングなど関連分野の書籍でアマゾンのランキング上位のものを3、4冊購入しては、週末になると折りたたみ椅子と一緒に抱えて屋上に上がり、読みふけったのだそうです。

これが功を奏して、彼の知識《ナレッジ》ベースも頭の中のプロセッサの演算能力も同時にアップグレードされました。

わずか1週間ごとに特定分野の理解が深まり、迅速に決断できるようになったのです。

最初に会ってから1、2年して、ドリューは立ち上げたばかりの事業のデモCDを送ってくれました。

そのときは、すでに競合の激しいオンラインバックアップサービスの同工異曲だな、という印象を受けました。名称は「ドロップボックス」。

これを私は本書執筆中に利用してみました。

創始者ドリュー・ヒューストンは、年商20億ドルを超え、現在も向学心旺盛です。ドリューには自分を高めようという覇気があります。

知性と感情のキャパシティを同時に広げる効果的な方法の1つは、マスターマインドグループに参加することです。

マスターマインドグループは、従来のようないわゆる仕事上の利益を求めて集まる人脈づくりのグループとはまったく異なります。「マスターマインド」の概念を提唱したのはナポレオン・ヒルで、彼はこれを**「2人以上の人が、調和の精神のもと、明確な目的をもって知識や努力の成果を分かち合うこと」**と定義づけています。

わかりやすく言えば、互いに教え合いながら各自もグループ全体も共に成長しよう、という趣旨の集まりです。

マスターマインドグループの趣旨は、例えばアルコール依存症者の相互援助組織「アルコホーリクス・アノニマス（AA）」など、多くの自助グループと同じ発想です。また、この発想に基づくフォーラムディスカッションを骨子とする、企業家の相互サポート組織もいくつかあります。

例えば、世界の若い経営者を結ぶ「ヤング・プレジデンツ・オーガニゼーション（YPO）」や、前出の「起業家機構（EO）」、中小企業のCEO対象のコーチング組織「ヴィステージ」、そして招待客のみのイベント「マスターマインド・トークス」が挙げられます。

マスターマインド・トークスは、2013年にジェイソン・ゲイナードが創始して以来1万7000人以上が参加を申し込みましたが、招待を受けたのは0・4パーセントに過ぎず、ハーバード大学より難関です。

マスターマインドのグループやフォーラムは、キャパシティ・ビルディングの諸要素に含まれるさまざまな能力を育みます。プライバシー厳守のルールのもと、参加者は安心して自分の悩みや体験談をうち明け合い、お互いから最大限に学ぶことができます。

「そこまで本格的に取り組むのはちょっと……」と思う方は、まずは1対1で、価値観の合う人と一緒にコア・バリューを練り上げていく機会を設け、ネットワーク作りの基盤にしてみてください（単に名刺交換したり便宜を図ってもらったりではなく）。

さらに、生活面や仕事面の助言者《メンター》になってくれる人を見つけるとよいでしょう。向上し続ける人は、よく、自分の周りをいわば「諮問機関」のような人たちで固め、大事な決断に際して相談したり、フィードバックをもらったりしています。

誰にでも盲点があるものです。それを指摘されて鷹揚《おうよう》に受け止めることができる人と、できない人がいます。

オリンピック選手を見てください。

すでに世界のトップなのに、複数のコーチをつけてたゆまず精進し、一流のレベルを保つ努力をしています。

そうかと思えば、「自分はすべて習得した、もうコーチングもフィードバックも必要ない」と慢心しているスポーツ選手や経営者も、私の知る限り何人もいます。

心構えを変えない限り、一流にはなれないでしょう。

良薬は口に苦しということを忘れないでください。

格好の例が、シェリル・サンドバーグがグーグル重役時代に、当時の部下キム・スコットに与えたアドバイスにまつわる一件です。

サンドバーグはスコットがプレゼンテーションを終えたあと、「えーと」が多すぎたと指摘し、話し方のコーチングを受けて改善するのはどうかとすすめました。

スコットが受け流すと、サンドバーグは温かい口調ながら率直に言いました。

「あのね、キム、本気で受け止めてくれていないみたいだから、もっとはっきり言ってしまうと、『えーと』ばかり連発すると、頭が悪そうに見えるのよ」（注3）

そしてサンドバーグは、キムの癖を直すための協力を申し出て、コーチの手配もしました。

この話は、サンドバーグのフィードバックをスコットが受け入れて終わりではありません。のちにスコットは「キャンダー・インク」という会社を設立し、今や基調講演の依頼が絶えません。ベストセラー『GREAT BOSS（グレートボス）シリコンバレー式ずけずけ言う力』の著者としても知られています。

私たちは批判的フィードバックに対して不快感を示しがちなので、周りの人も遠慮して黙っています。

そうすると失敗から学べずに同じミスを繰り返すことになります。

人は学習して成長します。

しかし学習するには改善すべき点を知る必要があります。

そのためには自覚が必要です。自分の成長の可能性を信じ、どこをどう改めるとよいのか指摘されることに対しておおらかになると、この好循環が始まります。

ELEVATE

主体的に行動する

「偉人は、自分の身に出来事が起こるままじっとしていることはめったにない、と気づいて久しい。

彼らは自ら出かけて行って出来事を起こしたのだ」

——エリノア・スミス（1911-2010年、アメリカの女性パイロット先駆者の1人）

日々の選択の多くは、内容を問わず、受け身か主体的かの選択が根本にあります。**口を酸っぱくして言いますが、受け身では、まず成功にはつながりません。**

2005年のことです。私はスタートアップ企業で働いており、気分はどん底でした。でも2歳の子どもと、じきに生まれる子どものためにも、あと2、3年は現職に留まって専門分野の職務経歴を作っておこうと決めていました。

とは言え、勤め先の指導層は社員のやる気を引き出すどころか逆に失わせており、やりがいは感じられず、仕事への意欲は下がるばかりでした。

そんなある日、友人のアル・チェースと昼食に出ました。

食事をしながら私は彼に現状を話し、仕事をすぐ辞める人間ではないと世間に証明するためにも、あと2、3年、今の会社で運営管理の経験を積むのが賢明な選択だと考えた経緯を説明しました。

アルは私の話に耳を傾けてから、私の顔をじっと見て言いました。

「いいか、僕が退職を許可するよ」

私が唖然としているのに気づいて、どういう意味か説明してくれました。

「きみ自身にとって正しい選択をするべきだ」

決定的な一言でした。彼の助言は、一歩踏み出せずにためらっている人の背中を押してやる模範例と言えます。これは重要な点ですので、あとで詳しく取り上げます。
アルの助言ではたと気づいたのは、**私は無難な路線に甘んじて、いちばんやりたいことをおあずけにしていたということです。**何も学ばず、向上もせず、キャパシティの成長が止まっていたのです。

その後まもなく退職して起業への意欲を行動に移し、会社を2つ設立しました。その1つがアクセラレーション・パートナーズです。もう11年あまり前のことです。視線を将来に向けると、積極的になれます。

たとえ行く手がはっきり見えなくても、たとえ膠着状態に陥り、まずい決断に賭けるはめになっても、です。前進を続けるには、失敗から学ぶ以外は後ろを振り返らないこと。そして自分の力で変えられるものにエネルギーを注ぐこと。世の中の動向や、自分ではどうにもならない状況にエネルギーを消耗しないように注意が必要です。

雨が降るのは止められませんが、雨で1日が台無しになるかどうかは自分次第です。同様に、株の値動きを変えられなくても、予想がはずれたときにどう対処するかは自分で決められます。

選択の余地があるなら、行動するほうを選んでキャパシティのボールが転がり続けるようにしてください。おのずと勢いが増していくはずです。不安なときは、ナイキが生んだ不朽のスローガン、「ジャスト・ドゥ・イット」を実践すればいいのです。

人生では、やらなかったことや逃した機会を悔やむほうが、やったことを後悔するよりはるかに多いのです。

ELEVATE

ゴールは短期と長期を設定する

「行き先を知らなかったら、行き先に着かないかもしれない」

——ヨギ・ベラ（1925〜2015年、米メジャーリーグのプロ野球選手）

一般によく使われる「成功《サクセス》」という言葉には主観がかなり入るので、私は「実績《アチーブメント》」を好んで使います。

例えば、企業経営に「成功」した人でも、配偶者から離婚を迫られていたり、子どもたちが会ってくれなかったりしたら、その人を成功者と考える人は少ないでしょう。

いっぽう「実績」は、何がいちばん大切か明確にし、それに従って決断していくことで積み上げるものです。

ゴール設定は、精神のキャパシティと知性のキャパシティが交差する部分です。自分が「求めるもの」と「どうやってそこに到達するか」を足したものと考えてください。

以前、私はゴール設定が得意だと思っていました。年間目標をいろいろ立てて端からやっつけていたのです。ところが、これら短期のゴールが長期のゴールに沿っていなかったため、特定の方向に着実に進んでいるわけではありませんでした。

長期的なゴールは自分が究極的に求めるものですから、コア・バリューとコア・パーパスに根ざすべきなのです。

設定したゴールが適切かどうか見極める方法の1つは、ゴールの「ＷＨＹ」を自分でわかっているか、1つずつ確かめることです。そうすればゴールに目的をこじつける必要がなくなります。

ゴールとは目的と信条にかなうものだからです。

例えば、海辺の別荘が欲しいのは、豊かさの証明になるから？　それとも、家族と一緒に有意義な時間を過ごしたいから？

仮に家族のためだとします。でも家族の誰も海辺に興味がなければ、このゴールを達成しても幸福感や充実感は増さないでしょう。

私にもようやく、年間目標は5年、10年の目標から派生すべきもので、それに沿っていなければならないとわかりました。

3カ月ごと、1年ごとのゴール達成は、究極のゴールを達成する途中でもらう分配金のようなものです。

実業家ウォーレン・バフェットにまつわるエピソードの1つに、的を絞ることの大切さを教えてくれるものがあります。

ゴール設定の際はもちろん、知性のキャパシティの領域全般で大事な点です。

自家用飛行機の操縦士マイク・フリントが将来の目標や重要視している事柄を語るのを聞いたバフェットは、話が終わってから、フリントに次のワークをやるようにすすめたと言われています。

▼ステップ1：キャリア構築のゴールを上位25まで1枚の紙に書く
▼ステップ2：その中のトップ5項目を丸で囲む
▼ステップ3：その5つをあらためて1つのリストにし、
　残り20を別のリストにまとめる

フリントが、別リストの項目にも折を見て取り組むつもりだと言うと、バフェットはそれを遮ってこう言ったのです。

「違うよ。マイク、きみは勘違いしてる。丸をつけなかった項目は全部、今日から『絶対に避けるべきリスト』になったんだよ。最初の5つを達成するまでは、何があっても別のリストに目を向けちゃだめだ」

この助言の真意は、残りの20項目は、肝心の5つのゴール達成の妨げになるということです。

ここで提案があります。

ウォーレン・バフェットの方法を応用して、人生の4つの側面についてそれぞれリストを作成してみてください。

自分のため、キャリアのため、家族のため、地域社会《コミュニティ》のための25項目リストを作成し、5つのゴールに絞ってください。

「ゴールをすべて達成しなければいけませんか?」とよく聞かれますが、**ゴールを1つ残らず達成しているのなら、目標が低すぎる可能性があります。**

とは言っても、目標が高すぎて、自分は何1つ達成できないという錯覚に陥るのも困ります。そのバランスが難しいところです。

けれどもバランスをうまくとる方法がいくつかあります。

1つは、「少なくともここまでは」というラインを決めておくことです(「5~10キロ減量する」とか「毎月最低1000ドルは貯金する」など)。

こうすれば、目標のてっぺんには届かなくても、向上はしているものです。

もう1つは、毎日あるいは週単位のインプットを習慣化して、その積み重ねで目標に達するやり方です。週ごとの成果を自己評価でき、自省を促します。

健康のための目標は、１年後のゴールを設定するよりも「朝の運動を週３回」とか「毎日15分間休憩する」などの実践に取り組むのがよいでしょう。**これならインプット自体がゴールなので、実現が難しそうに思える結果を最初から目指さなくてよいのです。**

仮にＡさんは毎日30分間をフェイスブックに費やすとします。いっぽうＢさんは毎日30分間、本の執筆に取り組みます。

３カ月後のＡさんは、友人たちのグルメ旅行には相当詳しくなっていると思いますが、費やした時間で得たのはそれだけです。Ｂさんはといえば、かねてから書こうと思っていた本の最初の30ページほどの草稿を書き上げました。

どの方法でゴールを設定するにせよ、重要なのは、達成したかどうかはっきりわかるゴールを設定することです。それには「ＳＭＡＲＴ（スマート）」と呼ばれる方法（訳注７）が役立ちます。

ゴールは具体的(Specific)**で測定可能**(Measurable)**かつ達成可能**(Attainable)**、実生活に即し**(Realistic)**、期限つき**(Timely)**であるべきです。**

実際には達成していないのに達成できた気になれる余地を残してはいけません。ゴールに適度な一貫性があり、多少プレッシャーがあるほうが達成の可能性は高まります。

ELEVATE

良い習慣をつくる

「1日をどう過ごすか自分で決めなければ、
1日中振り回されるはめになる」

――ジム・ローン（1930－2009年、アメリカの起業家）

知性のキャパシティを広げるプロセスには、毎日試練がともないます。だからこそ自制心と計画性が必須で、規則性、習慣化、自省がいっそう重要な役割を果たすのです。

自分の中の優先順位が、予定の入れ方に反映されることを覚えておいてください。

世界でも一流レベルの人が、1日をだらだら始めたり、成り行きまかせに過ごしたりするとは考えられません。彼らはルーティン（規則的な行動習慣）を確立しています。

ルーティンの効果は大きく、偉大なリーダーは朝の過ごし方がその日の質を決めると確信しています。残念ながら私たちは毎日を受け身でスタートしがちです。

朝の時間を主体的に使い、攻めの姿勢で1日を始めると、ゴールからぶれることなく一貫性のある行動をとりやすくなります。

私自身の経験からも自信を持って言いますが、あなたの1日がガラリと変わり、やがて人生も変わるはずです。もともと朝型でない私が、毎朝6時前に起きる習慣を身につけるのは容易ではありませんでしたが、少しずつ、朝の日課を編み出していきました。気力や目的意識を高める日課に集中できるようになると朝の時間が楽しくなり、起床するのが嬉しくて、まるで旅行に出かける朝、空港へ向かうときのように、ワクワクして元気が湧き出る感覚を味わうようになりました。

私の朝の日課は、ハル・エルロッドが『人生を変えるモーニングメソッド』で紹介した方法に基づいて考案したものです。

ハルは、「SAVERS」と名づけた6つのアクティビティを30分ないし1時間かけて行うことをすすめています。

▼Silence：静けさの中で瞑想《メディテーション》する
▼Affirmations：自分自身を受け入れ、認める
▼Visualization：ポジティブなイメージを頭に描く
▼Exercising：運動する
▼Reading：読書する
▼Scribing：一定時間、頭に浮かぶ事を書き出す（ジャーナリング）

大量のメールを前に頭を抱えながら1日が始まるのではなく、感謝の気持ちとポジティブな心構えで1日を始められます。

そうすると、自分が究極的に求めるものを毎朝、再認識できます。

これを繰り返すうち、内面が変わってきます。

早朝の日課にいちばん強く反対するのは、幼い子どもを持つ、寝不足の親たちです。アクセラレーション・パートナーズの社員からもそんな声が上がりました。

そこで、シンプルな目標を提案しました。

朝15分だけ早く起き、15分間、静かな時間を過ごす。子どもの泣き声をアラームがわりに目を覚ましたり、育児に関わるハプニングが理由で起床したりというのでは、やる気に満ちた前向きの心構えで1日をスタートできません。

たった15分でも家族より早く起きられるなら、その効果は絶大です。

自分を優先するのは気がひけるという人は多いでしょう。

しかし、周りの人に対して最高の自分で接するために必要なことなのです。寝覚めが悪く、周囲に振り回されていたら、良い仕事などできっこありません。

生活に規則性があると、自制心も、目標達成に向けた習慣も身につきやすくなります。

私の場合、毎週火曜日に「フライデー・フォワード」に載せるメッセージの下書きをします。水曜日に加筆修正し、画像を選びます。木曜日に送信予約をセットしておきます。

この一連の手順はほぼ自動的にできるようになり、リマインダーは不要です。

「フライデー・フォワード」の作成が私のキーストーン・ハビット（要となる習慣）になり、**日常のあらゆる面の良い習慣を強化したのです**（注4）。

この連鎖のおかげで、私は新たな目標に挑戦して1つずつ実現していきました。オリンピックのトライアスロンに出場し、本を3冊書き、ロンドンからパリまで24時間でサイクリングし、事業の海外展開を果たしました。

ほかにも、以前ならとうてい不可能だと思ったようなゴールを達成できました。

変化は一夜にして起こったのではありません。日々の小さな変化の積み重ねが実を結んだのです。

習慣づくりの達人ジェームズ・クリアーはこれを投資になぞらえて「ワンパーセント・ルール」と呼んでいます。つまり複利効果と同様に、1パーセントの自己改善が時間をかけて複合集積し大きな利益となるという意味です。

著書『ジェームズ・クリアー式　複利で伸びる1つの習慣』で、毎日1パーセントの改善を続けたら1年後には37倍良くなっている、という計算まで示してくれます。

最後にもう1つ大事な点があります。

決めたことを守る、ということ。

たとえ目的が明確で、強い意志をもって集中して取り組んでも、必ず隙はできるものです。意欲を失ったり、脇道にそれたりすることがあるのです。

真のリーダーは、組織の成員の言行一致を徹底し、自ら率先して言行に責任を持ちます。決めたことを守るための方策はいろいろありますが、その1つはチームを組むことです。仲間を募ってもコーチをつけても構いません。

常に上を目指す人の中には、コーチに毎朝電話してもらって成果を報告し、目標を達成できていない場合はあらかじめ決めてある「罰」を自分に課すという工夫さえしている人も少なくありません。


2つめの方法は、自己評価です。

毎日のジャーナリングが最も効果的です。ジャーナリングは「書く瞑想」とも呼ばれ、自己を顧みるプロセスですから、何ができたかできなかったか、はっきり認識するのに役立ちます。いわば自分を叱咤激励するツールです。

毎日同じことを書いて自分の意志の弱さを痛感するのは嫌なものです。

ゴールを公言することによって、自分にプレッシャーをかける方法もあります。

プロのセールスコーチで講演活動も行うジャック・デイリーは、ビジネスのホームページに自分のゴールをすべて書き込んでいます。

こうすれば非常に大きなプレッシャーがかかります。実際に彼は十中八九ゴールを達成しています。

以上のようなステップを踏めば、目標の大きさに圧倒されずに積極的に自分を向上させていくことができます。

知性のキャパシティが広がると、自分に可能だとは夢にも思わなかったことを成し遂げられるようになるはずです。

実践ステップ

はじめの1歩

▼起床時間を15分早めてください。
1日の始めの30分間はメールもニュースもテレビも見ないこと。
その時間を読書やジャーナリング、思索、運動などに使いましょう。

▼いつかやってみたいと思っていたことの頭金を支払ってしまいましょう。
何かのイベントや航空券、勉強のための講座などが考えられます。
足がかりを作ってしまうことがポイントです。

▼今日やるべきことで重要なものを3つ、正午までに終わらせてください。

慣れてきたらステップアップ

▼日記をつけ始めましょう。

これまで日記をつけたことがなく、何かフォーマットがあるほうがよければ「ファイブ・ミニッツ・ジャーナル」がおすすめです（訳注8）。

▼10年、5年、1年単位のゴールをそれぞれ自分、キャリア、家族、地域社会《コミュニティ》のためにに設定してください。

ゴールをどれも「ＳＭＡＲＴ」にすることをお忘れなく（具体的か、測定可能か、達成可能か、実生活に即しているか、期限があるか）。

達成できたかどうか明確にわかることが重要です。

例えば「長距離を走る」ではなく、「２０２０年1月のハーフマラソンを走破する」ならＳＭＡＲＴなゴールです。

▼お子さんがいる場合は、年間目標を家族で決めましょう。
子どもたちにゴール設定の習慣と、決めたことを守る習慣を身につけさせる良い機会です。私の子どもたちのゴールは、「アスレチックコースのロープ渡りができるようになる」から、「指しゃぶりをやめる」までいろいろです。

わが家では各自のゴールをイメージした写真や絵を貼った「ビジョン・ボード」を寝室の壁にかけ、1年を通じて自分の目標を忘れないようにします。

フライデー・フォワードのウェブサイトに「ビジョン・ボード」の実例を掲載しました。ご参考までにどうぞ。https://www.fridayfwd.com/vision-board/

知性のキャパシティの成長についてインスピレーションが湧くエピソードを「フライデー・フォワード」のウェブサイトで紹介しています。ぜひご利用ください。 www.fridayfwd.com/intellectual

第 4 章

身体のキャパシティを広げよう

「体を大切にしなさい。体は、唯一あなたが住まなければならない場所なのだから」

――ジム・ローン(1930-2009年、アメリカの起業家)

身体のキャパシティは、心身の健康や運動機能が向上することで広がります。

人生の舵を取って道先案内をするのが脳なら、実際の行動を日々任されるのが身体です。

私たちは体力や持久力を養うことの大切さは認識しているものの、健康に関するほかの側面、特に脳と身体の関係を見過ごしがちです。

幸いにも、近年この相互関係が注目されつつあります。

身体のキャパシティは、私たちの総合的なキャパシティ・ビルディングへの取り組みを、促進するか妨害するかどちらかのはたらきをします。

身体のキャパシティがしっかりしていれば、精神的にもそう簡単にはへこたれません。「何でもかかって来い」と言える状態です。学習や仕事のスピード（知性のキャパシティ）も上がります。自分に自信が持てるようになり、周りの人を思いやる余裕（感情のキャパシティ）が生まれます。

身体のキャパシティがしぼんでしまうと、何をするにも億劫になり、ともすると何もできなくなります。過労やストレスは、免疫力や体調に大きな影響を与えます。食生活も同様です。食物こそ脳と身体の活力の源ですから。

こうした要因が、身体のキャパシティを広げるための健康的な活動や習慣づくりを妨げることは多々あります。

心身の健康や身体のキャパシティは、私たちが思っている以上に包括的《ホリスティック》なものです。

ELEVATE

心身の健康を保つ

「あなたが家族と世界にプレゼントできる最高の贈り物は、健康なあなた自身です」

——ジョイス・マイヤー（1943年〜、キリスト教伝道師）

何かの分野で卓越した人は、心身の健康が著しく衰えるような生活はしないものです。**睡眠と良い食生活と運動は、毎日の生活で決して妥協してはならない基本の基本です**。それがわかっていながら、無関心のままか、なるべく考えないようにする人は多いと思います。

しかしながら、健康は、失って初めてその大切さに気づくものです。

ある日電話が鳴り、かかりつけの病院から、先日の検査結果で癌が見つかったという知らせを受ける。あるいは救急病院から、あなたのパートナーが心臓発作で緊急入院したという連絡が来る。

その瞬間に世界が一変し、時計を巻き戻せたら、という思いにかられます。

私の場合、幸いにも警告となる出来事がありました。

２００９年、３人目の子どもが生まれて３カ月ほど経ち、自宅を新築する間、実家で両親と一緒に暮らしていたときのことです。

歴史的な大不況の最中に、新規事業を２つも抱えていました。さらに春には祖母が突然他界しました。

その2、3週間後、在宅で仕事中に2杯目のコーヒーを飲みながら、ふと心臓がドキドキしているのに気がつきました。数時間後には腕にしびれを覚え、その感覚はだんだん強くなり、症状を検索すると心臓発作の情報ばかり出てくるので不安は募るいっぽうでした。

妻に電話し、帰宅してくれるよう頼みました。そんなことは初めてでした。

念のためつけ加えると、私は手術後に自分で運転して帰宅するような人間です。

「自立」が私のもう1つのコア・バリューだからです。

その日は末っ子のザックもベビーシッターと一緒に家にいました。

もう間違いなく心臓発作だと判断してベビーシッターに救急車を呼んでもらっている間にも、めまいで足元がふらついてきて、部屋の向こう側にいたザックの瞳をじっと見つめながら妻への電話を切り、床に崩れました。

「まさかこんなふうに死ぬとは」と思ったのをはっきり覚えています。


病院で2日間検査を受けた後、私の症状は重度のパニック発作と診断されました。ストレスに加え、マグネシウム不足による心拍数の上昇が引き金になったのです。

ほかはまったく異常ありませんでした。

この経験が私の一大転機となったのです。まだ赤ん坊だった末っ子の瞳を見つめ、この子は父親を知らずに育つのだ、と思ったことは一生忘れないでしょう。

入院中に装着していたリストバンドを机の上の目につくところに置いて、あのときを思い出せるようにしてあります。

この一件のあと、私はヨガや運動を再開し、生まれて初めてランニングも始め、食生活にも細心の注意を払うようになりました。

今や肥満が原因で亡くなる人の数が、飢死する人の数を上回る時代です。

医療のめざましい進歩にもかかわらず、私たち現代人は未だかつてないほど不健康なのです。アメリカ発のファストフードや加工食品が普及した地域に関わる、ある事実を示唆する統計があります。

心疾患、癌、糖尿病の3つが過去10年間に顕著になっているのです。

いっぽう、脳と腸の相互関係を科学的に裏づける報告が続々となされています。

つまり、**食生活は私たちの身体だけでなく、認知機能や心の健康にも影響を及ぼしているのです。**

栄養とはややこしいものです。

昨今あまりにも多種類のダイエット方法や「食のスタイル」があり、目的や効果を把握しにくい状況になっています。まして自分にとって何がベストかの判断は難しいものです。

オーガニック、ベジタリアン、完全菜食《ビーガン》、糖質制限、原始人食《パレオ》、グルテンフリー、グレインフリー、低炭水化物、ゼロ炭水化物、スローカーボなど例を挙げればきりがなく、いったいどれが健康的な食生活なのか見定めるのは容易ではありません。

食生活を改善したいなら、基本は、食文化の研究で知られるマイケル・ポーランの実質的なアドバイス**「おばあちゃんが食べ物だと思わないものは食べない」**（訳注9）に従うといいでしょう。

これを3週間でも続ければ、体調や活力レベルに大きな変化を感じるはずです。平たく言えば、本物の食物には原材料表示は付いていないということです。

体重を2キロ減量するのもいいですが、言わせてもらえば、体調が改善し活力が増すようなライフスタイルと食生活を探究してほしいと思います。

人は自分の食事療法が誰にでも効くものと思い込む傾向があり、なかには独断と偏見に満ちた態度で情報を押しつける人もいます。最新の研究で、万人に適したダイエットはなく、健康は十人十色だということがわかってきました。

あなたには効き目のある療法が、ほかの人には害になるかもしれません。

身体の健康を維持するには、筋力トレーニングと、心拍数を上げる有酸素運動を継続的に続けるべきです。

どちらかいっぽうをやる人が多いのですが、特に年齢が上がるにつれ、ケガを防ぐためにも両方とも必要であることも研究で明らかになっています。

もう若くないから今さらランニングや水泳、サイクリングなど持久力の要る運動は始められない、などと言い訳するのをやめて、今こそ始めるときです。

実は、若い頃スポーツ選手だった人は年をとるにつれ、長年にわたって酷使された身体に負担がかかってくるのです。

そう考えると、逆に有利なスタートを切れるかもしれません。

事実、今やトライアスロン競技者の平均年齢は38歳です。私は41歳にして初めてオリンピックのトライアスロンに出場しました。35歳までスポーツのトレーニング以外には1マイル（約1・6キロメートル）以上走ったことのない私が、です。

ELEVATE

睡眠をとって上手にストレスに対処する

「睡眠は、明日を有効に過ごすための活力への投資だ」

――トム・ラス（1975年〜、ビジネス思想家）

私たちの健康を形づくる諸要素の中でも、身体のキャパシティに大きく影響するのが睡眠とストレスです。

ハーバード大学とワシントン州立大学が別々に行った近年の研究結果で、ストレスと睡眠不足が判断力の低下につながることが裏づけられました（注5）。

ほとんどの人が睡眠不足であることが現実です。

そのうえ寝不足の対処策として、コーヒーや近年急増しているエナジードリンクに頼りがちです。スターバックスや食品メーカーには朗報かもしれませんが、眠気が一気に吹き飛ぶような飲食物は長期的には健康を害する恐れがあります。

２０１４年の米国立睡眠財団の年次報告書は、心身の健康が睡眠の質と深く関わっていることを指摘しました。快眠できていない人の67パーセントが自分の健康度を「悪い」または「普通」と回答し、「良い」と答えた人は27パーセントでした（注６）。

ストレスも感染症のように蔓延しています。

ストレスを自然なことだと認識するのも大切なのですが、ストレスは外部からかかる力に対する内部からの反応だという点を理解する必要もあります。つまり、自分の心と身体が生み出すものなので、万人に共通のストレス誘因は存在しません。

生物学的に見れば、ストレスの目的は身の危険に対応することです。

先史時代には、ストレスが一時的にアドレナリン分泌を促すことにより注意力や記憶力が短時間だけ高まり、「戦うか逃げるか」の判断を助けていました。

ここでのキーワードは**「一時的」**です。

現代の私たちの問題は、身体が持ちこたえられるよりも長時間ストレスモードで稼働している点です。そのためストレスホルモンであるコルチゾールが過剰分泌されてしまいます。要するに、慢性のストレスが私たちの身体に変調をきたし、不健康にしているのです。

ストレス専門医のハイディ・ハンナは、現代社会に蔓延するストレスに関する最大の問題は、ほとんどの人が、自分のストレスの原因をよく理解していないことだと指摘します。

そして私にこう説明してくれました。

「今日のような接続性過多《ハイパーコネクテッド》社会では、本来なら一生かけて処理する分量の刺激や情報に、私たちは1日の間にアクセスしています。脳は、常により多くの刺激や情報を求める仕組みになっているため、ほとんどの人が、時間に余裕ができても、周囲との接続を解除して充電することに抵抗を感じてしまうのです」

今日も、ストレスを感じながら目を覚ます人が世界中にいます。

1日をしのぐ食糧と今晩の寝床を確保できるか案じる人。

初めての大事なプレゼンテーションが心配な人。

なかには、何百万ドルもする邸宅4軒の管理の手はずを整えるのに頭を抱えている人もいるでしょう。ストレスもたまるだろうと思います。

理由の如何を問わず、この人たちは本来あるべき健康な状態を逸したレベルでストレスを感じているのです。

ストレスを減らし、ストレスにうまく対処するためにハンナが奨励するのは、1日の間に充電時間を設けること。

瞑想や深呼吸でも良いですし、感謝している物事に思いをめぐらすのも良いでしょう。マインドフルネス（今という瞬間に意識を集中すること）と瞑想《メディテーション》は、向上し続ける人の多くが実践しています。

心身の健康を保つために大事なポイントの1つは、自分を優先することです。

飛行機に乗ると、離陸前に「非常の際は、ご自身の酸素マスクを先に着けてください」と機内案内があります。航空会社はフライトの度にこの注意喚起を行います。なぜなら、たいていの人はまず子どもを助けることに集中し、そのあとで自分のことを考える可能性が高いからです。

しかしそれでは緊急時に事態を悪化させかねません。酸素マスクについての注意は、実は重要なことを示唆しているのです。

私たちは自分を後回しにして、用事を引き受けたり誘いに応じたりし過ぎていいます。そうして脈絡のない物事にエネルギーを分散してしまいます。

結果として、案外周りの人の役に立ててはいないのです。しかも時間が限られてくると、まずスケジュールからはずされるのは睡眠、休憩、運動、そして良質な栄養のある食品です。

自分を大事にしないと、周りの人にベストな自分で接することができません。

自分の心身の健康を優先するのは利己主義ではありません。むしろ周り人のためにできる最善の奉仕なのです。

これからもずっと、その人たちのそばにいられるためにも。

人生を旅する車は1台しかないのですから、よく手入れをして大切に扱いましょう。

ELEVATE

競争を受け入れる

「あなたの競争相手はあなた以外の何者でもない。だから、ほかの人ではなく過去の自分を超える計画を立てなさい」

——Jaachynma N. E. AGU（ナイジェリアの女性作家）

競争は、目標を達成して向上する道のりで重要な部分です。しかし誤解されがちな概念でもあり、軽視される傾向があります。

私たちは日常生活のほとんどの側面で競い合っています。希望する仕事を得るため、大学に入学するため、そしてビジネスの人材や顧客を獲得するため。

英語の「*compete*（競う）」という言葉は、ラテン語の「*competere*」から派生しました。「共に努力する」という意味で、最高水準を目指すための基盤です。

個人も集団も、健全な競争が生むチャレンジを受け止め、それが各自のキャパシティを広げるのに役立つことを理解する必要があります。

これはチームとしての協働に特に重要です。

「働きやすい企業」ランキング1位で満足している会社だとか、他社が興味を示さない人材を採用する会社の話はあまり聞いたことがありません。

ほかの人が欲しがるものを自分も欲しがるのが現実なのです。奥義を極めたヨガインストラクターでさえ、さらに高いレベルの認定や権威ある地位を目指して他者と競っています。

過去10年ほどの間に、アメリカの文化に「参加賞トロフィー」が浸透するとともに、競争が悪者扱いされるようになりました。昨今は子どもたちのスポーツでスコアをつけない慣習が奨励されています。

「みんなの勝ち」という考え方の問題点は、最小限の努力とご褒美を結びつけてしまったことです。単に試合に姿を現しただけで褒められたりご褒美をもらったりするのは良くありません。

参加は「前提条件」であるべきです。

身体と知性のキャパシティを広げるには、競争がもたらすメリットを理解する必要があります。**競うというのは、すなわち自分のスキルを向上させること、練習して上達し、全力で臨むことなのです。**

何が何でも勝つことでも、相手の失点を望むことでもありません。

感情のキャパシティの領域においては、謙虚に勝ち、潔く負ける態度を学ぶ必要があります。それが競争の真髄です。

学問でも、音楽でも、スポーツでも、傑出した人は、同分野の人たちの目標を引き上げて向上を助ける役割を果たします。

バスケットボールでは、ラリー・バードとマジック・ジョンソンが互いの限界を押し広げました。

レオナルド・ダ・ヴィンチとミケランジェロは同時代に大成した、宿命のライバルでした。

1990年代には、ロックバンドのパール・ジャムとニルヴァーナが激しい対決を展開し、グランジロックの全盛時代を築いています。

ビジネスの世界も同様です。

企業や特定の産業が飛躍的に進歩するのは、競合が最も激しい時期である場合が多いのです。ビル・ゲイツとスティーブ・ジョブズは常に真正面からの対決に臨みました。IT業界には成功に甘んじている暇などないことを心得ていたからです。

この競合のおかげでパソコン革命が起こり、ユーザーである私たちに益をもたらしました。

競合のない産業は独占市場を形成します。そこではイノベーションは生まれません。独占企業は現状に甘んじ、最小限の努力しかしないのです。

新しい競合相手が台頭して初めて、既存の企業が目覚め、変革に取り組みます。

起業家ジョシュ・リンクナーは、自社「ハローワールド」の仮想の競合会社「スリザー」を想定し、スリザーの成功談を報道するにせのプレスリリースを自社の社員に送信しました。

彼は社員が油断せずに危機感を維持できたのは、この競合社のおかげだと言っています（注7）。

競争が向上につながるのは、外のライバル相手の場合だけではありません。優れたチームは、メンバーどうしが切磋琢磨しています。

ELEVATE

へこたれない強さを培う

「人生の最大の栄光は、一度も転ばないことではなく、転ぶたびに起き上がることにある」

——オリヴァー・ゴールドスミス

（1730-1774年、アイルランド出身の詩人、劇作家）

打たれ強さ《レジリエンス》はキャパシティ・ビルディングに不可欠です。

何かを高い水準で達成するまでの道のりは、行く手がはっきり見えるわけでも、真っすぐでもありません。途中で障害にぶつからずにすいすい進めるわけでもありません。**むしろ、新たな高みへの到達は、精神的、肉体的な障壁の克服と直接関わっているケースが多いのです。**

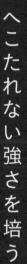

強靭な耐久力は身体が作るのか、心が作るのか、という点は「ニワトリと卵」同様、議論が分かれるところです。もちろんどちらも一理ありますが、私は、最初に身体的な障壁を乗り越えることで好循環が始まると信じています。

カナダ代表の中長距離ランナーとして活躍したアレックス・ハッチンソンは、長年にわたり持久力の科学的探究を続けています。彼は「持久力の要るさまざまな活動の共通点は、指を炎にかざさなければならないこと」だと言います。「とにもかくにも、手を引っこめたい衝動に打ち勝たなければなりません。それが、偉大なスポーツ選手や、ビジネス、そのほかの分野で傑出した人の共通点です」(訳注10)

2、3年前になりますが、私の次男がアスレチックパークのロープ渡りの真ん中でパニックになったことがあります。怖がって私を呼んで、地面に降ろしてほしいと訴えました。周りのほかの親たちがそうしていたからです。

私は息子が自力で渡りきることが大事だと考え、降ろしてやらずに、どうやって進めばいいか息子をなだめながら教えてやり、無事に渡り終えました。

息子は私の対応に喜んだでしょうか?

そんなわけがありません。でも次回同じコースに行ったとき、彼はロープ渡りを平然とやってのけ、友だちに渡り方を教えていました。

次男があの日、体を使って得た自信は、日常のほかの面にも波及しました。

サクセスストーリーの背後には、挫折や困難を克服したエピソードの数々があるはずです。

人生、予期せぬ壁にぶち当たるものです。そのときどう対処し、再び前進を続けるかどうかが問題なのです。

打たれ強さに関して興味深い事実は、時間との比例関係です。

1日あるいは1週間の辛抱を要する状況もあれば、一生涯、不屈の精神を維持しなければならない境遇もあるでしょう。

多くの場合、どん底の経験が人格を磨き、強固な意志をつくり、自分が人生に何を究極的に求めているかを明確にするのです。

挫折や苦難は成功への道であって障害ではありません。

では、私たちはどんな状況で最も打たれ強いのでしょうか。

答えは、精神のキャパシティが広がって自分の信条と目的が明確になり、「自分は今、成すべきことをやっている」と実感しているときです。信念のためには命を投げ打つこともいとわなかった歴史上の人物がまさにその例です。

本気で実現を目指して挑戦する気になれない目標は、きっぱりとあきらめ、未練を残さずにエネルギーをほかのものに向ける必要があります。

エリザベス・エドワーズは、回想録『*Saving Graces: Finding Solace and Strength from Friends and Strangers.*（仮題：セービング・グレース　友や見知らぬ人にもらう慰めと力）』でその精神をみごとに言い表しました。

脳に転移した癌で闘病中に、著名な上院議員である夫の不倫が明るみになるのですが、そのときこう綴っています。

「不屈の精神の一側面は、大事なことを悲嘆するか、どうでもいいことを悲嘆するかという選択です」

実践ステップ

はじめの1歩

▼1日の間に15分の休憩を2回設けてください。
できれば屋外で、携帯電話やパソコン、タブレット類なしで過ごしましょう。

▼今晩、8時間の睡眠をとりましょう！

▼瞑想用アプリ（Headspace や Calm など）をダウンロードし、
無料のガイドつき瞑想を5～10分実践してみてください。

▼ランニングの経験がなければ、Couch to 5K（初心者用トレーニングアプリ）を
ダウンロードして利用しましょう。

慣れてきたらステップアップ

▼最低2、3カ月のトレーニングが必要な、今まで挑戦したことのないイベントに申し込みましょう。

（例えば5キロマラソン、サイクリング、障害物競走の「タフ・マダー」や「スパルタンレース」、トライアスロンなど）

▼起床後1時間と就寝前1時間は携帯電話やタブレット、パソコンは使用しないルールを決めて、それを守ってください。Androidや iPhoneの「おやすみモード」を設定して夜間の使用を制限しましょう。

▼スポーツサークルのメンバーになりましょう。運動ができるだけでなく、試合に出る機会がある、知り合いの輪が広がる、などのメリットがあります。

▼自分の限界に本気で挑戦してみたかったら、HPI（Human Performance Institute）のオンラインまたは実地の講習を受けるのも良いでしょう。

（https://www.jjhpi.com/）

身体のキャパシティの成長についてインスピレーションが湧くエピソードを「フライデー・フォワード」のウェブサイトで紹介しています。ぜひご利用ください。　www.fridayfwd.com/physical

第 5 章

感情のキャパシティを広げよう

「成功も、自由も、喜びも、自分1人では手に入れることができない」
――アダム・グラント（1981年～、アメリカの心理学者）

感情のキャパシティの大きさは、心の中のもう1人の自分にどう対応するか、周囲の人とどう付き合うか、大切な人と良い関係を維持できているか、ということに深く関わっています。

知性と身体のキャパシティが同じように見える2人の人物が、まったく異なる結果を出していたら、それは感情のキャパシティのバランスがとれているかどうかの違いだと考えられます。

孤立状態の中で生きている人はいません。

私たちは、自分の行動や経験や人間関係が周りの人の行動や生活と複雑に絡み合う世界で暮らしています。周囲の人との関係の質や、その関係から得るエネルギー、そこに費やすエネルギーが私たちに大きく作用します。

レーシングカーを思い浮かべてください。

精神、身体、知性のキャパシティがそれぞれ車の設計、構築、改良のツールに匹敵するとしたら、感情のキャパシティは、実際にその車をほかの車や予期せぬ障害物がひしめく環境で操縦する能力です。

ほかの車の動きにどう反応し対処するかで、自分の車がスペック以上のパワーを発揮できるか否かが決まってくるのです。

感情のキャパシティは、キャパシティ・ビルディングの道のりで私たちが忘れがちな要素であり、しかも一筋縄でいかない部分です。

と言うのは、自分がコントロールできる範囲外にも関わっていくものだからです。

ELEVATE

自分を制約する思い込みを克服する

「私たちが最も恐れているのは、私たちが不十分な存在であるということではない。私たちが最も恐れていることは、私たちが計り知れないほどに力に満ちた存在であるということである。私たちを最も怯えさせるのは私たちの闇ではなく、光である」（訳注11）

——マリアン・ウィリアムソン（1952年～、アメリカの著作家）

感情のキャパシティを広げるための第1歩は、まず自分の可能性を疑うのをやめ、自分を制約しているのは自分自身なのだと気づくことです。

目的と信条が明確になれば、それに則って生きていくのは簡単だろうと思うかもしれませんが、はたしてそうでしょうか？

実際には、私たちは自分の思い込みや周囲の期待が足かせとなって踏みとどまってばかりいます。

自分でも気づかないうちに、毎日このサイクルを繰り返しているのです。

自分の本領を認識してそれを発揮すべく努力するより、自分には無理だという言い訳を考えるほうがずっと楽ですし、勇気も要りません。

私たちが恐れているものの正体は、しなければならない努力なのです。

私の場合、本を書きたいという気持ちがずっと前からありました。

そして２０１６年、3年にわたる起業家リーダーシップコースを受講中に、翌年度の開講前に本を書こう、とついに決意を固めました。「本を書きたい」から「本を書こう」へ、私の中の意識と言葉に小さな変化が起こり、それがすべてを変えたのです。その時点から、「どうやって実現するか」にエネルギーを注ぎ、12カ月後、初めての本『*Performance Partnerships*（仮題：パートナーマーケティングのすすめ）』を出版しました。

今では、わが家の子どもたちにもこの姿勢で取り組むように教えています。

自分がやってみたいことは何だって達成できる（精神のキャパシティ）。

ただし、それに必要な努力をする覚悟があって（知性、身体、感情のキャパシティ）、決めたことは守ると自分に誓うのであれば、と。


自分を制約する思い込みは、自分の中で作られる場合もありますが、世の中の慣習や周囲の人が原因である場合も少なくありません。

最も身近な人が原因かもしれません。

その人たちの態度は、「認知的不協和」という心理現象のかたちで表れることがよくあります。つまり、相反する認識を同時に抱えることで内面に葛藤が生じるのです。仕組みをいったん理解すると、日常茶飯に見られる心理だとわかります。

例えば、「本を書くのはすごく難しいことだからやめておいたほうがいい」と誰かが私に言ったとします。その意見は私の能力とはまったく無関係なのです。

むしろ、**その人自身が本を書かないでいることを正当化している可能性が高いと言えます。**

おそらく自分の資質に自信がないか、逆に自分のほうが資質はあると思いながら実行する勇気がないかのどちらかでしょう。

誰かがあなたのやる気をくじくようなことを言うとき、悪気はないのかもしれません。その人は、自分の選択（あるいは選択の回避）は間違っていないのだと自分を安心させる必要があるわけです。心の中で不協和が生じたために、その人自身のキャパシティのレベルにあなたを合わせようとするのです。

認知的不協和が生じると、人は自分の中の矛盾や、一貫性に欠ける考え方を正当化しようとします（例えば「あの人より頭のいい自分に本が書けないのだから、あの人に書けるわけがない」）。

思い込みに負けないコツは、心の奥にある自分の本当の望みを思い出し、その目標に到達するためにエネルギーを使うことです。

言い訳をするほうが簡単ですし、都合がよいものです。自分の運命は自分の手中にあると信じるほうが難しいのは確かですが、そう信じれば、得るものははるかに大きいのです。

人生は1度きりです。

だから悔いのないように全力投球して、終着点に着いたときにやり残しのないように生きたほうがいいと思いませんか？

ELEVATE

打たれ強さを養う

「最も辛い目に遭うのをいとわない人は、最も勇敢なだけでなく、いちばん先に立ち上がる」

——ブレネー・ブラウン
（1965年〜、ヒューストン大学ソーシャルワーク大学院の研究者）

自分を狭めてしまう思い込みを克服するための最善で最短の方法は、コンフォートゾーン（居心地の良い範囲）の外に出るよう常に自分を追い込むか、誰かに押し出してもらうかです。そもそもコンフォートゾーンは、自分に課している制約でできた、見えない天井です。

誰も、ちょっと押されないことには成長できません。

これまでの人生で、あなたの成長を助けてくれた人を思い出してください。お父さんやお母さん、先生、上司、同僚、友人、スポーツやビジネスのコーチかもしれません。

おそらくその人の助言は、必ずしも期待した言葉ではなく、むしろ耳が痛い指摘だったのではないかと思います。

あなたが苛立ったり腹を立てたりしても敢えて言ってくれたからこそ、結果的にあなたを大きく成長させたのではないでしょうか。

私は自分のコア・パーパスに忠実に生きようと決めてからは、大切な人たちのキャパシティの成長を支えるためなら、文句を言われるのを覚悟で多少不快な経験をしてもらうこともためらわなくなりました。私は、相手の自尊心を傷つけないためとか、同意しておくほうが楽だという理由でお愛想を言うような上司でも、コーチでも、友人でも、息子でも、夫でも、父親でもありません。それは私ではないのです。

その手のコメントをもらいたければ、言ってくれそうな人は周りにいるはずです。

ただし、その人の言葉はあなたの成長の役には立ちません。

私の友人アブドゥル・マリク・ムハンマド博士は、非行や犯罪のリスクが高い青少年相手の活動を何十年も続けてきた経験から、人の心に変化を起こす「公式」を見いだしました。その公式は、感情のキャパシティの基本要素をいくつか含んでいます。

Connection + Challenge = CHANGE

心のつながり《コネクション》＋挑戦《チャレンジ》＝変化《チェンジ》

この公式が示唆するのは、難しい課題に挑まなければ本当の変化は起こらないということです。

挑戦を促されたことをきっかけにメンターに心を開くようになる若者もいれば、逆に、互いの心が通うようになって初めて、メンターが「挑戦してごらん」と言える立場になるケースもあります。大事なのは、この2つが組み合わさって変化をもたらすということです。この公式を初めて見たとき、これが「フライデー・フォワード」の成功の理由だとわかりました。

気持ちの上でも、物理的にも、コンフォートゾーンから抜け出ることが成長には絶対不可欠です。関わる活動が変わり、住む場所や職場が変わり、人と交わす会話の内容が変わっていくにつれ、自分が求めるものも人間関係も変わります。新しい友人ができ、自分の考え方や行動に変化が生じます。

昔から言われているように、「いつも今まで通りのことをやっていると、いつまでたっても今まで通りの結果しか得られない」のです。

コンフォートゾーンの外へ出ていくプロセスは、必ずと言っていいほど、自信のない部分を思いきって表に出すことから始まります。

弱点は誰にでもあります。

自分の不完全さを認識することが、自覚、学習、成長への第1歩なのです。

自分が抱える不安や弱い面《ヴァルネラビリティ》を押し殺していると、自分に対しても周囲に対しても虚構の自己イメージを作ってしまいます。

また、自分を制約する思い込みに翻弄されやすくなります。

逆に自分の弱い面を隠さず、ざっくばらんに話すことができれば、周りの人にとっても弱点を見直すきっかけになり共に成長できるのです。

会社の静養所《リトリート》に、昨年は著作家のジェヴォン・マコーミック氏（通称ＪＴ）をゲストスピーカーとして招きました。ＪＴは、異なる人種の血をひく「ミックスド・レース」として生まれました。

父親は麻薬の密売や売春斡旋に関わり、孤児でシングルマザーの母親は生活保護を受けて暮らしていました。ＪＴは貧困家庭で育ち、身体的、性的虐待を受け、人種差別に遭い、少年院に送られたことも1度や2度ではありません。

彼は、今や出版社のＣＥＯで良き父親でもある自分が歩んできた道のりや苦難について、包み隠さず誠意を込めて語ります。彼の話を聴いたあと、社員たちが自分の弱さを正直に語り合う様子は、それまで見たことのない光景でした。

最近は、弱さを見せることがはばかられる風潮がありますが、その背景にある要因の1つは、**社会のトップ5パーセントの成功者にスポットライトをあてた作為的な投稿が、ソーシャルメディアにあふれていることです。**

そのような色眼鏡は、現実の世界に存在する困難や葛藤を見えなくしています。このため、世代を問わず、私たちは自分の生活を他人の空想の世界と比べるようになっているると言えるでしょう。

いっぽう、子どもたちが自分の弱さと向き合う機会を阻んでいるのが、過保護なヘリコプターペアレントです。困難にぶつかる経験も成長にはつきものだと納得できない親たちは、子どもが辛い思いをしないように、まるで上空をホバリングするように見張り続けます。

これは子どものためにならない悪習慣にほかなりません。このような親たちはわが子のために最善を尽くそうとするあまり、絶えず先回りして失敗や努力の苦痛から守ってしまい、それがかえって子どもにはマイナスになるのです。

過保護な子育ては次世代を深刻な危機にさらしています。この子たちは大人になったときに本当の逆境に立ち向かう準備ができていません。昨今この風潮がさらに進展して、過保護な祖父母、「ヘリコプター・グランドペアレント」という新現象を生んでいます。

いつか1人立ちするには、子どもたちは自分の長所や短所を認識する力、失敗から学ぶ力を養う必要があります。

打たれ強さ《レジリエンス》を培うことは、感情のキャパシティの成長に不可欠です。制約の壁やコンフォートゾーンの外に押し出される以外に、これを培う方法はありません。

自分を向上させる道のりでは、自信のないときは隠さず認め、問題にぶつかったら自分で考えて答えを出していく態度が必要です。試行錯誤の繰り返しですから、辛いときもあるでしょう。

しかし、新しいことに挑戦する際に感じる一抹の不安はパフォーマンスレベルを上げる働きをする、ということが研究で明らかになっています（注８）。

自己啓発コーチ、アンソニー・ロビンズが毎朝冷水に浸かって体をびっくりさせるのは、これと関係がありそうです。

本人いわく、その日何が起ころうと対処できるように、心も身体も準備しておくためだそうです。

冷水のお風呂は遠慮するとしても、コンフォートゾーンから最初の１歩を踏み出すための効果的な方法はいくらでもあります。

例えばちょっと冒険して、今まで食べたことのない料理を注文する。

知らない人ばかりのイベントに参加する。
それから少しずつ大胆なことに挑戦していく。
気持ちの上でも身体的にも、です。

そしてちょっと怖いなと思うことをやってみる。
例えば、面識のない潜在顧客に営業電話をかける。
同僚のプレゼンテーションの欠点を正直に伝える。
または高嶺の花とあきらめていた憧れの人をデートに誘ってみる。

旅行に出かけて異文化や慣れない環境に適応したり、道に迷ったり、外国語を覚えたり、あるいはそこまでしなくても、いつもと反対側の歩道を歩いてみるだけでもいいのです。
ちょっと目線を変えれば、機械的な同じ行動の繰り返しから解放され、新しい状況や予測不能な事態にも自信を持って臨めるようになります。

マスターマインドグループは、知性のキャパシティだけでなく感情のキャパシティの成長にも大いに役立ちます。

私は経営者のマスターマインドグループに参加していますが、メンバーはみな目的意識が高く、積極的に自分の向上に取り組んでいる人ばかりです。いつも誰かしら新事業を始めたり、トライアスロンなどフィットネスのゴールに向かって頑張ったりしています。

このグループに参加しているだけで自分も頑張ろうという気になり、精神面でも身体面でもコンフォートゾーンをもっと広げたくなります。

不安や恐れを自分の中に溜め込んでいては、本当の自由は得られません。

たいていの人は、成長にともなう苦痛の必要性を心の奥底で感じて、それを求めてもいます。

苦痛なしに成長はあり得ないのです。

ELEVATE

前向きな態度と感謝する心を持つ

「心の姿勢が正しい人が目標を達成するのを阻止できる者は存在しないし、心の姿勢が間違っている人を助けられる者もこの世には存在しない」

——作者不詳

私がよく助言を仰ぐメンターの1人、ウォーレン・ラスタンド（訳注12）のお気に入りのジョークがあります。

ある人が布団をはねのけて寝床から飛び起き、「ああ、美しい朝を賜う主よ！」と感謝を捧げます。もう1人の人は、布団にもぐったまま片目を開け、「ああ、うっとうしい、朝だ、もう……」とつぶやきます。

何かの達人や世界一流の人物で、態度がネガティブな人や、最悪のシナリオを憂えてばかりいる人には会ったことがありません。

ポジティブ思考なら何でも思い通りに進むというわけではありませんが、成功するために避けて通れない精神的、肉体的な壁を乗り越えるのに必要な心構えを保つことはできます。

アンジェラ・ダックワースは、『やり抜く力　人生のあらゆる成功を決める「究極の能力」を身につける』の執筆に向けた研究の一環として、陸軍士官学校を中退する人の特徴の解明を試みました。

そして士官学校で教鞭をとる軍事心理学者から、入学試験の適性テストと中退者には相関性がほとんどないと聞きます。訓練の途中で脱落せず最後まで残るのは、絶対に諦めない意志を固めた人たちでした。

彼らは自分が求めているものを知っているのです（精神のキャパシティ）。

別の研究からも同様の結論が得られています。海軍の特殊部隊「ネイビー・シールズ」の選抜に行われる基礎水中爆破訓練（略称「ＢＵＤ／Ｓ」）を対象とした研究によると、

「地獄の1週間」を耐え抜くことができるのは志願者のわずか4分の1ですが、最後まで残るのは、最も屈強な人でも最も頭脳明晰な人でもなく、**何があってもやめない人です。自分にとって何が最も大切かが明確だからやめないのです。**

前向きの態度とは幸福の青い鳥を探し求めることでも、何でも楽観的に見ることでもない、ということをまず理解する必要があります。

前向きの態度とは、チャンスを堅実に活用する、困難をチャンスとして捉える態度なのです。

優れた企業の多くは、起業家が何らかの不満を解消したくて立ち上げたものです。この人たちは、大多数の人が現状に愚痴をこぼしながら日々を過ごして感情のキャパシティを消耗する中で、自らは問題解決にエネルギーを注ぐことを選んだのです。

何でも悪いほうに考える人たちのことを思い出してください。

その人たちは何かに卓越していますか？

幸せそうですか？

周りの人に良い影響を与えていますか？

それとも被害者意識が強く、周囲の人を自分のキャパシティレベルに引き下げようとしていますか？

心の態度が前向きかどうかは、周りのことを考えているか、どれくらい自分を中心に考えているかの度合いと深く関わっています。

例えば、感謝の気持ちがあると腹を立てたり不安になったりしにくいものです。これは、怒りや不安を覚えるときはたいてい自分に焦点をあてていて、感謝しているときは自分の外に焦点をあてているからです。

前向きな態度を支える大きな部分は「今この時」を生きることなのですが、これはたいていの人にとって、そう簡単にできることではなくなっています。

それよりも過ぎ去ったことをあれこれ考えたり、先行きを案じたりしがちです。しかし昔から親しまれている格言の通り、「落ち込んでいるなら、あなたは過去に生きている。不安なら、未来に生きている。心に平安があるなら、今を生きている」のです。

「今」を生きられる人には、そのとき自分にあるものに対する感謝の気持ちが根本にあります。

感謝する心を持つ人は、自分は世の中に貸しがあるとは思いません。何かを手に入れるのは自分自身の責任だと思っているからです。

当たり前のように何でもしてもらって育ち、感謝の気持ちを持たない子どもは、欲しいものは簡単に手に入って当然と思い込んでいます。

すると、ほかの人が持っているのに自分にはないものばかり気になります。また、思い通りにならないとイライラし、すぐに落ち込んでしまいます。

苦しみは自己に意識が集中しすぎて生じるもの、という哲学的な捉え方もあります。感謝する心を持つことでこの苦しみから解放され、持っているもののありがたみを味わえるようになり、「今この時」に意識が移ります。

それが最も健全な心構えです。

純粋に感謝する心があると、周りの人との絆も深まります。そのような関係こそ、私たちが本当の意味で成功し幸福になるために決定的な役割を果たすのです。

ELEVATE

充実した人間関係を築く

「人生の質は、人間関係の質で決まる」

——アンソニー・ロビンズ

（1960年〜、本名アンソニー・J・マハホリッチ。自己啓発書作家、起業家）

お金で幸福や長寿を得られるわけではないことは、すでに数々の研究結果が証明しています。

しかし、**両方とも手に入れる方法が1つわかっています。それは人生を通じて良い人間関係を保つことです。**周りの人との関係が建設的で充実していること、自分のベストを引き出してくれる人に囲まれていることが、キャパシティを広げるため、ひいては幸せになるための礎です。

周囲の人と良好な関係が保たれているときは、もっと良い自分になろうという意欲が高まり、活力が湧いてきます。互いを支え合う仕組みもでき、心身の健康にもつながります。充実した人間関係は、キャパシティ・ビルディングのすべての要素に良い効果をもたらすのです。

逆に、薄っぺらな人間関係はマイナスの影響を及ぼします。アクセラレーション・パートナーズを創業したての頃、良質な人間関係こそが会社を成功させるための基盤だと悟り、これを会社のコア・バリューの1つとして定めることにして次のように定義しました。

人間関係は、個人として、企業人としての私たちの成長を促し、私たちの成功に大きく寄与する。私たちが主眼とするのは、長期的な成果、豊かな人間関係、そして顧客、同僚、提携相手との信頼関係である。私たちは、遂行力と人徳は信頼関係の構築に不可欠であると信じ、また、豊かな人間関係は私たちがより多くを達成するための要であると信じる。

私の親しい友人が、人生がうまくいくための公式は、自分の知識を、知人の数を指数にして累乗したものである、と言ったのを思い出します。

まったくその通りだと思います。

せっかくの知識も、それを活かせるような、人とのつながりを持っていなければあまり価値はありません。

この公式の面白い点は、人が指数になって知識を増やす役割を果たしている、つまり知識より人間関係のほうが大事ではないか、という含みがある点です。

私がこれまでの人生でさまざまなことを達成できたのは、周りの人の支援や助力があってこそです。

ネットワークを広げ人間関係を築いていく過程で私が参考にしたのは、キース・フェラッジが、ベストセラーとなった『一生モノの人脈力』の中で示した方針や、デール・カーネギーの不朽の名著『人を動かす』です。

どちらも、ほかの人が必要とするものに焦点をあて、その人たちにとって価値あるものを生み出すことの大切さを教えてくれました。

もしあなたが既存の事業への参加や、パートナーとの起業を考えているなら、事業内容そのものよりも、誰と一緒に仕事をしていくのか、という点を熟考することをおすすめします。

一緒にいるのが苦痛な人や尊敬できない人と長時間過ごすために毎朝目を覚ますのでは、せっかくの事業のアイディアも製品もどうでもよくなってしまいます。

仕事上の選択で迷った人に助言を求められるとき、私は真っ先に、そこに関わる人や人間関係に注目します。

プライベートな面では、誰と時間を過ごすか、既存の人間関係にどれだけの努力を費やすかという点をよく吟味することが、キャパシティの成長にともないさらに重要になってきます。

コア・パーパスを見極め、コア・バリューに則って日常生活を送れるようになると、価値観を共有する人、しない人を容易に見分けられるようになります。

あなたと価値観を共有し、あなたの成長を支え、あなたが実力を最大限に発揮するのを応援してくれる仲間に囲まれた状態を意識的に保つことは非常に重要です。

ジム・ローンの言葉通り、「あなたが最も多くの時間を過ごす5人の平均値が、あなたである」からです。これほど説得力ある表現はほかに思いつきません。

あなたに活力を与え、あなたがベストな自分になるのを後押ししてくれる人に囲まれて過ごしてください。そうすれば前へ前へと引っ張られ、後ろに引き戻されることはありません。

キャパシティ・ビルディングこそ実績を築いていく道のりだということがまだピンと来なければ、キャパシティ・ビルディングとは正反対の生き方をする人を思い浮かべてください。仮にスティーブと呼ぶことにしましょう。

スティーブは自分がどんな人間で何を望んでいるのかはっきり自覚していません。
自分が向上できるとも思っていません。
太り過ぎで食生活も不健康で、運動はせず、アルコールの摂り過ぎです。
人と競争するのは負けるのが嫌だからしません。
新しいことに見向きもしません。
友人や家族はスティーブを避けるようになり、現在付き合っている仲間といえば、彼をますますやる気のない人間にしてしまう人たちです。スティーブのような人で、何かの達人や、高みを目指して頑張っている人がいるでしょうか。

答えは「ノー」です。おそらくあなたは、大勢のスティーブに囲まれていたいとは思わないでしょう。

今日、最も関わりのあった人5人を思い浮かべてください。

この人たちはあなたのキャパシティ・ビルディングの支えになりますか。それとも、あなたの足かせとなって、月並みなレベルに引き止めていますか。

もっと上を目指したいのに、今いる部屋の中では自分がいちばん有能だと気づいたら、ほかの部屋へ移るときがきたのかもしれません。

自分とは視点が異なる人と関わり合い、互いを尊重しながらさまざまなトピックについて意見を交わし、視野を広げるのはもちろん良いことです。

しかし、精神や知性のキャパシティが広がり、人生に求めるものがはっきりしてくると、難しい選択に直面します。自分の中の基準が上がり、既存の人間関係に影響が出てくるのです。

自分の価値観や目的からすれている人と一緒に過ごすのも、その人たちのために貴重なエネルギーを費やすのも苦しくなってきます。

私の場合、相容れない価値観や正反対の価値観を持つ人と付き合うことに大きな抵抗を覚えます。

仮に、私のコア・バリューである「もっと良い自分になろう」という気がまったくない人と知り合って、その人が「自分は変われっこない」とか「〇〇のせいで自分がこんな目に遭うんだ」などと恨み言ばかり言っていたら、ずっと付き合う気にはなれません。自分が蝕まれてしまいそうです。

あなたが目的に向かって進むのを妨げる人たちから離れ、エネルギーを奪う「エナジーバンパイア」とは関わらない、と決心すべきときがきます。

そのような人間関係には、長年の友人や何となく続いている表面的な付き合いの人もいるでしょう。また、エネルギーを消耗していた相手が親族の一員である場合は特に辛いものです。

もちろん家族はとても大切です。しかし、絶対優先とは思いません。

親族の誰かがいつもあなたの気をくじく場合、そのうちに態度を変えてくれるだろうと期待してはいけません。その人が変わりたいと思わない限り変わらないのです。

この方向変換は、今まで味わったことがないほど苦しい選択をともなうかもしれません。**あなたにできることは、対応を変えるか、離れるかのどちらかです。**しかし、縁を切れとか反目しろと言っているのではありません。

そんなことをしたら感情のキャパシティには逆効果です。深く関わらなければいいのです。何かと気にかけて世話を焼くような、貴重な時間とエネルギーを消耗することをやめればいいのです。

今の私は、かけがえのない人たちとの関係にはるかに多くのエネルギーを注いでいます。**10人、20人との表面的な付き合いよりも、1人の人との充実した関係のほうがずっと価値があります。**

人間関係を見直して変えていくプロセスには何年もかかるかもしれません。考え抜いた末に難しい決断を下し、生活を変えざるを得ない場合もあります。けれども、豊かな人間関係を培い、足かせとなる関係を間引くことは、自分のキャパシティを広げて向上《エレベート》するためにあなたが実行できる、最も重要なことの1つなのです。

実践ステップ

はじめの1歩

▼毎日のルーティンに小さな変化をもたらすことをやってみてください。

例えば、

・いつもと違う所で昼食をとる。

・いつもと違う道を通って通勤（または帰宅）してみる。

・仕事の時間を数時間ずらす。

▼ソーシャルメディアに、自分の弱い一面も見えてしまうことを書きましょう。

例えば、悩みごと、恐れているもの、うまくいかない物事など。

▼最も大切な人間関係の上位5つを、プライベートと仕事それぞれについて書き出し、そのリストを机の上に置いてください。

慣れてきたらステップアップ

▼今までやったことのない、参加費や締め切りのあるアクティビティに応募しましょう。
これはキャパシティ・ビルディングの諸領域で効果を発揮します。

▼今までに「自分には無理」と思ったことの中から1つ選んで「なぜ無理なのか？」と自問してください。
答えを出す度にまた「なぜ？」と（5回まで）問い続けてください。
自分の回答1つ1つに解決策を提案してください。

▼大切な人30人をリストにした「人間関係ダッシュボード」を作り、毎日その中から1人選んで連絡しましょう。電話でも、メールでも、手書きのメモでも。

▼認知的不協和の概念について詳しく知りたい人におすすめなのが、キャロル・タヴリスとエリオット・アロンソン共著の『なぜあの人はあやまちを認めないのか』です。人と関わるときの心構えについて書かれた本はいろいろ読みましたが、その中で非常に役立った1冊です。

感情のキャパシティの成長についてインスピレーションが湧くエピソードを「フライデー・フォワード」のウェブサイトで紹介しています。ぜひご利用ください。　www.fridayfwd.com /emotional

終章

より良い道を切り開こう

「自分が若いときにいてほしかった人になれ」

――アイシャ・シディキ（インフルエンサー、ライター）

これは私にとってとりわけ心に響く言葉です。

コア・パーパスがなかなか見えてこないときは、過去の自分を振り返ってみることをおすすめします。過去に答えが隠れているケースがよくあるのです。

私はこれまでの人生に悔いはほとんどありませんが、1つだけ非常に悔やまれるのは、この世に生を受けてからかなりの時間、自分の力を120パーセント発揮するところか、100パーセント出し切らずに過ごしてしまったことです。

いつも心の奥では自分はもっとできるはず、もっと上を目指せるはず、とわかっていました。

しかし、なぜそう思えるのか、どうすればいいのかはわかりませんでした。

私は一夜にして成功をおさめたわけではありません（し、自分では成功者だとも思いません）。

ただ、何かを達成する道のりは山あり谷ありだと、お伝えすることは大事だと思っています。私が自分のコア・バリューを自覚してそれに則った生き方を実践できるようになるまで何年もかかりました。今でも判断を誤ることは少なからずありますし、まずい決断のせいで大失敗した経験もあります。

まだまだ目的地には遠いですが、私にはキャパシティ・ビルディングを経てそこに到達する決意があります。

そして、周りの人にもキャパシティ・ビルディングを奨励することに使命感を持っています。

5歳の頃の私を、幼稚園の先生が当時こんなふうに表現しています。

観察力に優れて細かいことによく気がつき、いろいろな分野でたいへんよくできますが、やりたくないときには、はっきり意思表示をします。物事の原因と結果を探究することのほうが、はるかに興味を引くようです。

これから先も、持ち前の創造性豊かな心を刺激して才能を引き出すような教材や機会が与えられるようにと願っています。

その後いわゆる良い学校に通いましたが、もっとずっと後まで「刺激」の効果は見られませんでした。学校の授業ではたいてい退屈していました。どの先生も、私が実力を出し切っていないと言いました。毎年言われました。

でもどうすれば良いかは教えてもらえず、誰かから閃きを受けることもありませんでした。学校の先生は、創造力や統率力といった私の長所より、集中力がないという短所を問題にしていました。私のような人間が子ども時分に「なぜわかってもらえないのか」ともどかしく感じ、孤独な思いをするのは珍しくないと思います。世の中は、規範に順応すること、皆と同じようにふるまうことを奨励するからです。

当時の私は、好奇心が強く自立心旺盛な子どもの典型で、決められた道を進むのはつまらないと思っていました。

起業や事業のサクセスストーリーは美化される傾向があります。

起業をめぐる話は、後日談になると単純化されてわくわくするような話になってしまいます。現実には実績をあげるまでに何年も苦労や挫折を経験し、何らかの犠牲を払うのが典型ですが、その事実がありのままに語られることは滅多にありません。

現在、高校生を対象に、社会人のメンターと交流してインスピレーションを受ける機会を設けたり、リーダーや起業家になる素質のある若い人を発掘して育てたりする機関は無きに等しいと言えるでしょう。

おおかたの公立学校は、順応する生徒を褒めて表彰します。

本当なら教育機関というものは、生徒の長所短所を見極め、人生の目的を見つける手助けをし、閃きを与え、背中を押してやって百人百様のやり方でキャパシティを広げるのを支えるべきなのです。ところが実際には、本来長所である資質を短所とみなしてしまう先生に出会う生徒が大勢います。ここで言う長所とは、自立心や、周りに同調しない性質です。

起業家でベストセラーを何冊も出したセス・ゴーディンは、こう述べています。

「私たちは5歳のときから、学校でも社会でも、経済という機械の歯車になることを教え込まれる。言われた通りにして、整然と並んで座り、課題を終えるよう訓練される」。そしてこれを「歯車の呪縛」と呼んでいます（注9）。

卒業式の総代や卒業ダンスパーティー《プロム》のプロム・クィーンやプロム・キングに選ば

れる生徒は、あらゆる面で最も従順な人たちでしょう。

レースの出だしは快調でも、長距離になると伸び悩むことが意外と多いのです。その背景にあるのは、非常に特化した規範に順応できる人が報われる現状です。

逆に、リーダーや起業家になる人の多くは、すでに子どもの頃から規範に従うことに違和感を覚えます。彼らに順応を強いるのは彼ら自身のためにならないばかりか、社会がそうした人から恩恵を受けるのを阻んでしまいます。

物事を異なる角度から見る人が変革を起こすものだからです。

子どもに向かって次のように言ってくれる人や学校が世の中には少なすぎます。


「きみは周りのみんなとちょっと違うけど、良い素質を持っている。

どうしたらリーダーになれるか教えてあげよう。

きみの可能性を閉じ込めている制度の壁の乗り越え方を教えてあげよう。

きみの才能を活かして特別なことをやってのける方法を教えてあげよう」


私がこの本の個人的な利益の一部を非営利団体ＢＵＩＬＤ（ビルド）に寄付している

理由はここにあります。ＢＵＩＬＤの理念は、私自身の信念と相呼応するのです。

ＢＵＩＬＤは、教育環境に恵まれない自立心旺盛な高校生を見いだし、メンターによる指導や社会体験、ビジネス界のリーダーと交流する機会を通して、感性を刺激すると同時に社会で成功するために必要なスキルを身につけるサポートをします。

ＢＵＩＬＤという名称が示唆するように、この団体は若い人たちのキャパシティ・ビルディングを４要素すべての面で支え、才能を育てることを目的としています。

高校在学中の４年間ＢＵＩＬＤの養成コースに参加した生徒の95パーセントが、中退することなく高校を卒業しています。同じ学校で、ＢＵＩＬＤに参加していない生徒の卒業率はおよそ60パーセントです。

まるでキャパシティ・ビルディングの有用性を測る対照研究のようなものです。

学校で力を発揮せず、やる気のなかったかつての自分を振り返ると、

「あの頃ＢＵＩＬＤのようなコースがあればよかった」と心から思います。

本書、及び本書が支援するこの団体を通して私が実現したい目標は、未来のリー

ダーや起業家の卵のために、学びの機会やツールを豊富に備えた、インスピレーションにあふれる道を整えることです。

私は、自分が若いときにいてほしかった人になろうとしていることに、ようやく気づきました。そういう人になりたいという思いが、今の私の生き方、リーダーとしての行動、私が始めた会社における次世代リーダー育成などの原動力となっています。

私は声を大にして、キャパシティ・ビルディングを提唱します。
誰にでも、自分で思っているよりはるかに大きなキャパシティがあります。
私たちは自分のキャパシティだけでなく、子どもたち、友人、家族、同僚、部下のキャパシティ・ビルディングの旗手にもならなければいけません。

誰1人として、自分の可能性を下回る人生を送っていいはずがありません。

出発点はあなた自身です。

目標を高く掲げることから始めてください。キャパシティが広がるにつれ、自然と周りの人に良い影響を与えるようになり、波及効果を呼びます。

偉大なリーダーは人々を自分に追従させたりしません。むしろ新たなリーダーたちを育てるのです（注10）。

実力以下の成果に甘んじているのはやめましょう。自分も周りの人も甘やかしてはだめです。

そして自分の可能性を最大限に発揮する人生に真剣に取り組みましょう。

今こそエレベートするときです！

謝辞

本書を執筆するにあたってお世話になった多くの皆様に感謝の意を表したいと思います。心ならずもお名前が漏れてしまった方には、前もってお詫び申し上げます。

まず、両親に感謝します。幼少期から私の自立心を尊重して見守ってくれたおかげで、自分で自分の道を開き、失敗から学ぶことができました。

そして、私がもっと良い自分を目指すのを激励して支えてくださった方々、多くの助言と指導を賜った方々にお礼を申し上げます。ジョン・ギルフォード、トム・ウォーレン、アルン・グプタ、セアラ・ディトリア、ティム・ロウ、ネイタン・パーソンズ、カム・ヘロルド、スティーブ・トリットマン、そしてアクセラレーション・パートナーズ諮問委員の皆様、ありがとうございます。

起業家機構（EO）で出会った素晴らしいリーダーや仲間に感謝します。起業家機構は、私の人生の軌道を変えました。私が参加したフォーラムやリーダーシップ・アカデミー2013年度の同窓生、マスターズクラス2018年度の同窓生の皆さんをはじめ、「フライデー・フォワード」を次のステップに進める勇気をくれた、リーダーシップ・アカデミー2015年度生のフレッチとカーロに感謝します。

そしてウォーレン・ラスタンドに深く感謝します。私を含め、彼のおかげで自分の目的を見いだし、目標を高く持って本領を発揮できるようになった人は数知れません。その意味で彼の右に出る者はないと思います。

私の文章を校閲してくれる頼もしい存在、レノックス・パウエルに感謝します。彼女が毎週「フライデー・フォワード」を精細に編集してくれるからこそ、誤字だらけで句読点のない私の原稿が、明瞭で洗練された、心に響く文章に変貌するのです。

そして私の特設の編集委員会として貴重な時間を割いて率直なフィードバックをくれた、アレックス・ヤストレベネツキー、ブラッド・ペダーセン、ロブ・デュベ、クリス・ハッチンソン、ジェフ・ヘイデンに感謝します。

本書の実現のためにひとかたならぬご尽力頂いたブラッド・エリー、JT、タッカー、並びにスクライブ・メディア一同の皆様にお礼申し上げます。

そして私のエージェントであるリック・パスコチェロに感謝します。当初のアイデアではエッセイの寄せ集めだったのを、一貫したストーリーのあるものに昇華させるように背中を押してくれました。私が書いたものが読む人の心に響くことを信じて、私に賭けてくれてありがとう。心から感謝しています。

編集担当のメグ・ギボンズに感謝します。積極的に私の右腕となって支えてくれました。そしてソースブックスの編集チーム全員にお礼申し上げます。起草から完成までのサポート及びスリル満点のプロセスに感謝します。

末筆ながら、妻レイチェルに特別の感謝を表したいと思います。

1999年、私がまだ23歳のとき、彼女はパトリック・レンシオーニの講演を聴いて『*The Five Temptations of a CEO*（仮題：ＣＥＯが陥りやすい5つの誘惑）』をプレゼントしてくれました。この本は、私がもっと何かやってみたいと思い立ち、リーダーとしての自分の可能性について考えるきっかけとなった最初の本でした。

レイチェルにもらったレンシオーニの本は、以来18年間ずっと本棚に収まっていましたが、本書執筆にあたって再読することにしました。本を開いて中表紙にレイチェルの手書きメッセージをあらためて見つけ、感動を覚えました。メッセージは次の言葉で結んでありました。

「あなたには素晴らしいCEOになる資質があると心から信じています。いつかきっとそのゴールを達成する日が来ると確信しています」

誰もが、自分を信じてくれる人を必要とします。蓋を開けてみれば、妻がずっと私のインスピレーションの源だったのかもしれません。

著者について

ロバート・グレイザー（以下ボブ）は、各国の企業と提携してパートナーマーケティングを展開するアクセラレーション・パートナーズの創始者かつCEOで、連続起業家でもあります。個人や団体がキャパシティを広げて向上するのをサポートすることが生きがいです。

ボブが率いるアクセラレーション・パートナーズは、ビジネス界の賞を数々受賞しています。グラスドアの「従業員が選ぶ働きやすい企業」2年連続入賞、『アドエイジ』誌の「働きやすい企業」2年連続入賞、『アントレプレナー』誌の「カンパニーカルチャー」ランキングに2年連続ランクイン、『フォーチュン』誌とGPTW（働きがいのある会社）協賛のランキングで「小規模」及び「中規模」部門に3年連続ランクイン、『ボストン・グローブ』紙の「最も働きやすい会社」ランキングに2年連続ランクインしています。さらに、グラスドアの「アメリカの中小企業CEO」ランキング第2位を獲得しました。

『フォーブス』『アントレプレナー』両誌のコラムを担当し、年間の読者は各国あわせて500万人以上です。記事のトピックはパートナーマーケティング、起業、良い社風の育て方、キャパシティ・ビルディング、人事、リーダーシップと多岐にわたり、読者の共感を呼んでいます。各国の企業や団体からの講演依頼も受け、事業の伸ばし方、社風の育て方、企業のキャパシティ・ビルディング、パフォーマンス向上などをテーマに講演しています。

また、ニュースレター「フライデー・フォワード」を通してさまざまな気づきやアイディアを読者と分かち合っています。「フライデー・フォワード」は毎週更新され、50カ国以上のビジネスリーダーに届き、読む人にインスピレーションを与える内容が大きな支持を集めています。ボブは各国でベストセラーとなった『*Performance Partnerships*（仮題：パートナーマーケティングのすすめ）』の著者でもあります。

休日はスキーやサイクリング、読書、旅行を楽しみ、家族と有意義な時間を過ごしたり、自宅の改装に携わったりしています。

ボブについての詳細はこちら：robertglazer.com

ＢＵＩＬＤ（ビルド）について

この本は、読んでくださる方と、その周りの人たちの毎日がより充実するよう願って書きました。本書を買ってくださった方は、すでにこの目標を両方とも達成するのに貢献なさっています。

第一に、ご自身の人生をより良くする方向に航路を定められました。

第二に、ＢＵＩＬＤという団体を通して、これまで実力を発揮する機会を与えられなかった高校生の人生を好転させるのに協力してくださいました。この本（注：原書）の売り上げの一部は直接ＢＵＩＬＤの活動に寄付されます。ＢＵＩＬＤは、キャパシティ・ビルディングと同じコンセプトに則って、こうした高校生が大学に進学するサポートを行います。将来の起業、学業、キャリア、そして人生で良い結果を出すために必要な知識や経験を得る機会を提供します。ＢＵＩＬＤのコースに参加した若者たちの人生は、メンターの助言や指導を受けて大きく転換します。メンターたちは彼らの可能性を信じ、自らの時間を注いで若者たちのキャパシティの成長を助けています。BUILDは、コーチングを受けた高校生1人ひとりの人生だけでなく、未来世代全体の軌道をも変えることでしょう。

このユニークな起業家育成プログラムに賛同していただけるなら、BUILDのサイトBuild.org をご覧ください。アメリカ合衆国の全国規模の活動や、同じくアメリカ合衆国内の地域支部の活動を紹介しています。

賛助、あるいはメンター、ビジネス・コーチ、講師として、そのほか種々の方法で参加していただくこともできます。

新しいアイディアや、提携や協賛のご提案、フィードバックも大歓迎です。お気軽にメールでご連絡ください。elevate@robertglazer.com

頂いたメールはすべて拝見するよう努め、ほとんどに返信しています。

訳注

訳注1：例えば数々のダイエット方法を自ら試し、その結果と医師など専門家へのインタビューに基づいて独自のダイエット「スローカーボ」を開発した。同様に効率的な筋肉増強法を考案。「人間モルモット」を自称している。

訳注2：Peter F. Drucker, "Managing for Business Effectiveness,"*Harvard Business Review*, May 1963. https://hbr.org/1963/05/managing-for-business-effectiveness

訳注3：伊東奈美子訳『リーダーになる』、海と月社、2008年から引用。

訳注4：2009年のTED講演「優れたリーダーはどうやって行動を促すか」は各国語に訳され4000万回以上再生されている。邦訳されている著書に『リーダーは最後に食べなさい！　最強チームをつくる絶対法則』（栗木さつき訳、日本経済新聞出版、2015年）、共著に『FIND YOUR WHY　あなたとチームを強くするシンプルな方法』（島藤真澄訳、ディスカヴァー・トゥエンティワン、2019年）、『「一緒にいたい」と思われるリーダーになる。人を奮い立たせる50の言葉』（鈴木義幸監訳、こだまともこ訳、ダイヤモンド社、2019年）がある。

訳注5：日本でDisc教材の国内販売権を継承取得したHRD株式会社のウェブサイト。

訳注6：『マインドセット「やればできる!」の研究』キャロル・S・ドゥエック著、今西康子訳、草思社、2016年。

訳注7：1981年にジョージ・T・ドランが組織での利用を想定し、Specific（改善すべき点を具体的に見極める）、Measurable（達成度を定量化するように努める）、Assignable（誰に割り当てるか決める）、Realistic（利用できる資源で実現可能な結果を明言する）、Time-related（いつ達成されるべきか特定する）と定義した。その後バリエーションが生じ、現在、一般的にAは「達成可能」を意味するattainableやachievableに置き換えられ、Rは「関連性、妥当性」の意でrelevantが用いられることも多い。

訳注8：intelligentchange.comのサイトから日記帳をオンライン購入またはアプリをダウンロードできる。

訳注9：『フード・ルール　人と地球にやさしいシンプルな食習慣64』マイケル・ポーラン著、ラッセル秀子訳、東洋経済新報社、2010年。

訳注10：ジャーナリスト、マルコム・グラッドウェルとの対談（2018年）から引用。
https://nextbigideaclub.com/magazine/conversation-malcolm-gladwell-and-elite-runner-alex-hutchinson-on-what-separates-top-athletes-from-the-rest/19349/

訳注11：『愛への帰還 光への道「奇跡の学習コース」』大内博訳、太陽出版、1998年からの引用。

訳注12：1943年生まれの起業家。第38代米大統領のフォード政権（1974年8月-1977年1月）で大統領の側近を務めた経歴も持つ。

注

注1：Stephanie Rosenbloom, "The World According to Tim Ferriss,"*New York Times*, March 25, 2011, https://www.nytimes.com/2011/03/27/fashion/27Ferris.html

注2：Jeffrey Pfeffer, "What You Can Learn from Tim Ferriss about Power,"*Harvard Business Review*, March 29, 2011, https://hbr.org/2011/03/power-comes-to-those-willing-t

注3：Scott, Kim. *Radical Candor: Be a Kick-Ass Boss Without Losing Your Humanity* New York: St. Martin's Press, 2017.『GREAT BOSS シリコンバレー式ずけずけ言う力』キム・スコット著、関美和訳、東洋経済新報社、2019年

注4：チャールズ・デュヒッグは著書『習慣の力』の中で「キーストーン・ハビット」(要となる習慣)の概念を提唱している。Duhigg, Charles. *The Power of Habit: Why We Do What We Do in Life and Business*. New York: Random House, 2012.『習慣の力』チャールズ・デュヒッグ著、渡会圭子訳、講談社、2013年(新版は早川書房、2019年)

注5：Will Ferguson, "Research Shows Sleep Loss Impedes decision making in crisis," *WSU Insider*, May 7, 2015, https://news.wsu.edu/2015/05/07/research-shows-sleep-loss-impedes-decision-making-in-crisis/; Ron Carucci, "Stress Leads to Bad Decisions. Here's How to Avoid Them,"*Harvard Business Review*, August 29, 2017, https://hbr.org/2017/08/stress-leads-to-bad-decisions-heres-how-to-avoid-them.

注6："Lack of Sleep is Affecting Americans, Finds the National Sleep Foundation," National Sleep Foundation, December 2014, https://www.prnewswire.com/news-releases/lack-of-sleep-is-affecting-americans-finds-the-national-sleep-foundation-300009761.html

注7：Leigh Buchanan, "How I Did It: Josh Linkner, CEO, ePrize," Inc.com, September 1, 2006, https://www.inc.com/magazine/20060901/hidi-linkner.html.

注8：Melinda Beck, "Anxiety Can Bring Out the Best," The Wall Street Journal, June 18, 2012, https://www.wsj.com/articles/SB10001424052702303836404577474451463041994.

注9：Seth Godin, "The ever-worsening curse of the cog," Seth's Blog, March 2, 2005, https://seths.blog/2005/03/the_everworseni/.

注10：Tom Peters, "Rule #3: Leadership Is Confusing As Hell," Fast Company, February 28, 2001, https://www.fastcompany.com/42575/rule-3-leadership-confusing-hell.

※掲載されているリンク先は、記事タイトルに合わせてアップデートしています(2021年3月現在)

そのほかのリンクなど

ゴール達成の方法の詳細や、本書で取り上げたトピックの関連資料やリンクについては、フライデー・フォワードに掲載しています。

www.fridayfwd.com/action

本書の公式サイト：robertglazer.com/elevate

著者のプロフィール：robertglazer.com

アクセラレーション・パートナーズについて：http://www.accelerationpartners.com

ELEVATE 自分を高める4つの力の磨き方

発行日　2021年4月25日　第1刷

Author　ロバート・グレイザー
Translator　田村加代（翻訳協力：株式会社トランネット www.trannet.co.jp）

Book Designer　山之口正和＋沢田幸平（OKIKATA）

Publication　株式会社ディスカヴァー・トゥエンティワン
〒102-0093　東京都千代田区平河町2-16-1 平河町森タワー11F
TEL　03-3237-8321（代表）　03-3237-8345（営業）
FAX　03-3237-8323
https://d21.co.jp/

Publisher　谷口奈緒美
Editor　大竹朝子　志摩麻衣

Store Sales Company
梅本翔太　飯田智樹　古矢薫　佐藤昌幸　青木翔平　小木曽礼丈　小山怜那　川本寛子　佐竹祐哉
佐藤淳基　竹内大貴　直林実咲　野村美空　廣内悠理　高原未来子　井澤徳子　藤井かおり
藤井多穂子　町田加奈子

Online Sales Company
三輪真也　榊原僚　磯部隆　伊東佑真　川島理　高橋雛乃　滝口景太郎　宮田有利子　石橋佐知子

Product Company
大山聡子　岡本典子　小関勝則　千葉正幸　原典宏　藤田浩芳　王廳　小田木もも　倉田華
佐々木玲奈　佐藤サラ圭　杉田彰子　辰巳佳衣　谷中卓　橋本莉奈　牧野類　三谷祐一　元木優子
安永姫菜　山中麻吏　渡辺基志　小石亜季　伊藤香　葛目美枝子　鈴木洋子　畑野衣見

Business Solution Company
蛯原昇　安永智洋　志摩晃司　早水真吾　野﨑竜海　野中保奈美　野村美紀　林秀樹　三角真穂
南健一　村尾純司

Ebook Company
松原史与志　中島俊平　越野志絵良　斎藤悠人　庄司知世　西川なつか　小田孝文　中澤泰宏
俵敬子

Corporate Design Group
大星多聞　堀部直人　村松伸哉　岡村浩明　井筒浩　井上竜之介　奥田千晶　田中亜紀　福永友紀
山田諭志　池田望　石光まゆ子　齋藤朋子　福田章平　丸山香織　宮崎陽子　青木涼馬　岩城萌花
内堀瑞穂　大竹美和　越智佳奈子　北村明友　副島杏南　巽菜香　田中真悠　田山礼真　津野主揮
永尾祐人　中西花　西方裕人　羽地夕夏　平池輝　星明里　松川実夏　松ノ下直輝　八木眸

Proofreader　小宮雄介
DTP　一企画
Printing　日経印刷株式会社

ISBN978-4-7993-2733-3